DAS
EqualVoice
Mindset

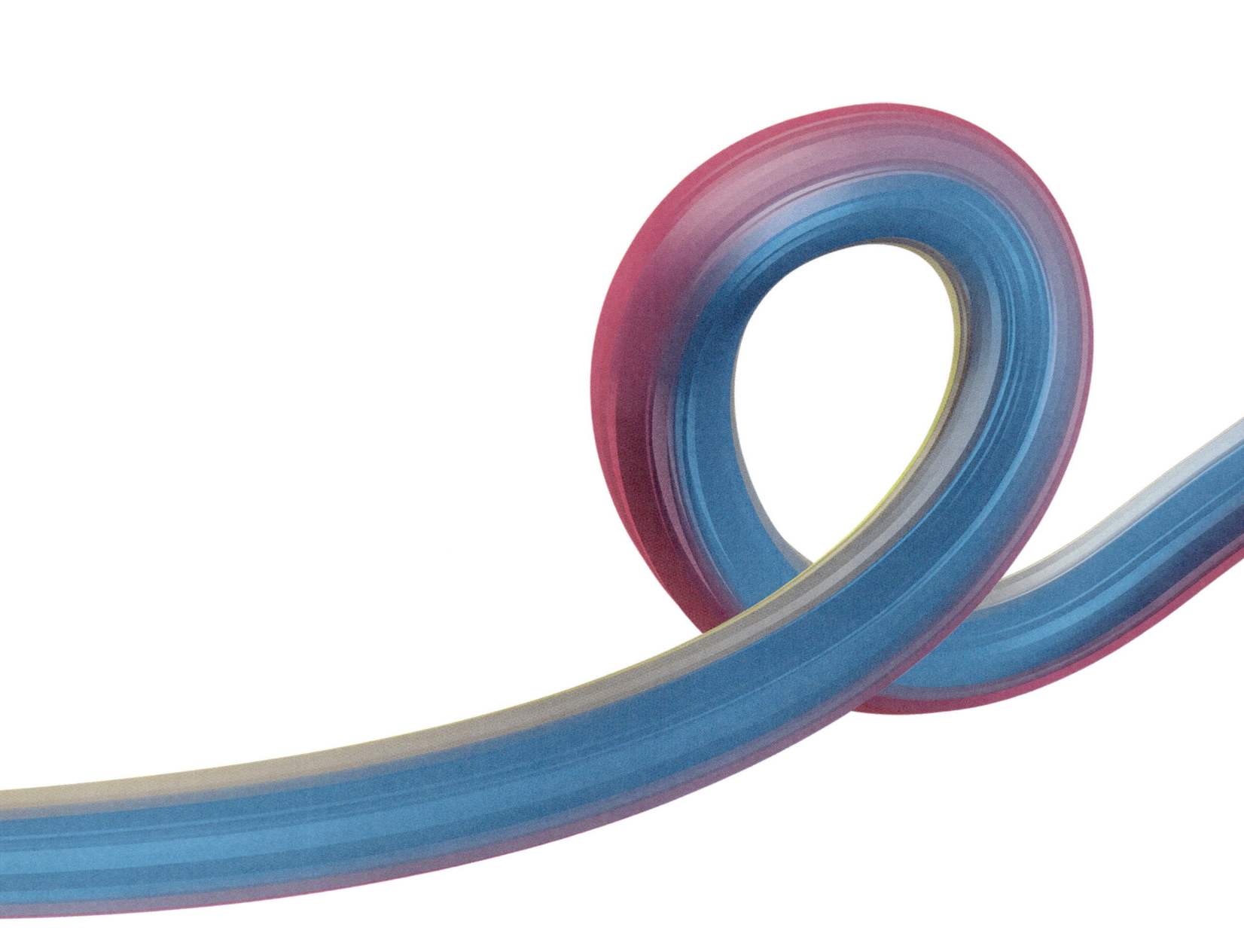

Stefan Mair
Annabella Bassler

DAS
EqualVoice Mindset

Die Autorin und der Autor

Dr. Annabella Bassler ist seit 2012 CFO der Ringier AG und hat seit 2007 verschiedene Stationen im Finanzbereich durchlaufen. Neben ihrer Verantwortung für die Aktivitäten von Ringier in Rumänien trieb sie die digitale Transformation der Gruppe voran und initiierte die EqualVoice-Initiative zur Förderung der Gleichwertigkeit von Frauen und Männern in der Medienberichterstattung. Sie absolvierte ihr Wirtschaftsstudium an der European Business School und arbeitete zuvor in verschiedenen Finanzpositionen bei Hamburg Süd, der Reederei der Oetker-Gruppe in Hamburg.

Stefan Mair ist Journalist und Podcast-Host. Er absolvierte seine Ausbildung an der Axel-Springer-Akademie in Berlin und studierte Publizistik in Wien und Istanbul. Für den italienischen Rundfunk RAI berichtete er als freier Korrespondent. Mair arbeitet seit mehreren Jahren als Ressortleiter für die *Handelszeitung* in Zürich, seit 2022 zudem als Wochenleiter. Er ist Moderator des Start-up-Podcasts «Upbeat». Er unterstützt Newsrooms in mehreren Ländern bei der Implementierung von EqualVoice im redaktionellen Alltag.

Impressum

Equal Voice / Ringier
© Ringier Axel Springer Schweiz AG, Zürich
Alle Rechte vorbehalten

Lektorat: Laura Simon
Infografiken: Andrea Klaiber, Anne Seeger
Gestaltung und Satz: Frau Federer GmbH
Bildkonzept KI: Julie Body
Fotos: Ringier (S. 26), Moritz Schmid (S. 38), Axel Springer / Matti Hillig (S. 74), Novartis (S. 88), Harvard University, (S. 120), ZVG (S. 60, 136)
Handlettering: Zuni Halpern
Herstellung: Bruno Bächtold
Gedruckt in der EU

Die Illustrationen in diesem Buch (S. 24, 34, 45, 58, 66, 72, 86, 100, 104, 133 und 144) wurden vom KI-Modell Midjourney generiert und von einem Menschen überprüft und finalisiert.

ISBN: 978-3-03875-485-5

Inhalt

Ein liberaler Ansatz für die moderne Publizistik 141

EqualVoice in 50 Jahren 148

Anhang 151

Jede Stimme hören

Als am 10. November 2019 um 7.30 Uhr im Pressehaus von Ringier in Zürich, genauer im Sitzungszimmer 1, die Initiative «Equal-Voice» vorgestellt wurde, konnte niemand ahnen, welche Dynamik sich aus diesem Vormittag entwickeln sollte.

Nur vier Jahre später wenden 32 Newsrooms in ganz Europa die EqualVoice-Technologie an. 50 Millionen Menschen beziehen ihre Informationen aus Newsrooms, in denen die EqualVoice-Software integriert ist - ein KI-Tool, das Medien hilft, den Frauenanteil in ihren Artikeln und die Repräsentation von Frauen in ihrem Bild- und Videocontent zu messen. Diese künstliche Intelligenz (KI) wertet täglich Tausende und monatlich gar Hunderttausende Artikel aus und liefert den Redaktionen Analysen und Auswertungen zur Frage, welchen Anteil Frauen in ihrer Berichterstattung haben. Sie signalisiert auch, wenn Frauen aus der Berichterstattung verschwinden.

All das hätte an diesem eiskalten Novembertag selbst mit viel Optimismus kaum jemand erwartet. Auch, weil die Diskussion an diesem Morgen intensiv und kontrovers geführt wurde: Was ist EqualVoice eigentlich? Eine PR-Kampagne von Ringier? Eine neue Idee von Journalismus? Noch ein Datentool, mit dem der Journalismus seziert wird? Ist die Redaktionsarbeit nicht ohnehin schon zu zahlengetrieben? Die Debatten in den Redaktionen blieben auch nach Einführung der EqualVoice-Software und der dazugehörigen Tools kontrovers und intensiv. Dieses Buch gewährt erstmals Einblicke in diese Diskussionen.

Das Ziel von EqualVoice ist von Tag eins an dasselbe geblieben: die Sichtbarkeit von Frauen in Medien zu steigern und die publizistische Debatte über Diversität zu fördern. Denn nur wer sichtbar ist, wird vom Medienpublikum wahrgenommen. Nur wer spricht und gehört wird, kann eine Rolle in der Öffentlichkeit wahrnehmen. Und der Gender Visibility Gap, das heisst die ungleiche Sichtbarkeit von Frauen und Männern in Medien, führt dazu, dass viele Stimmen, Lösungsideen und Debattenbeiträge ungehört bleiben.

Heute ist EqualVoice die erfolgreichste Initiative zur Förderung der Sichtbarkeit von Frauen in den europäischen Medien. In diesem Buch wird beschrieben, wie der Gender Visibility Gap mit einer daten- und technologiegetriebenen Lösung begleitet werden kann - ohne Vorgaben, mit einem liberalen Ansatz. Und es sollen Learnings für andere Initiativen und Diversity-Programme in Unternehmen geteilt werden.

Denn vieles, was in den letzten Jahren bei den Medienunternehmen, die mit EqualVoice arbeiten, passiert ist, ist für die ganze Branche interessant. Manches Unternehmen kann sich Umwege und Hindernisse ersparen, wenn es die Learnings aus diesem Buch berücksichtigt, und zwar von der Leitung bis hinunter auf die einzelnen Ressortebenen, von Sport bis Politik, von People bis Wirtschaft. Ein kompaktes Tool für den Redaktionsalltag bietet überdies die Analyse von zehn redaktionellen Handlungsrollen, die dem Buch in Form eines herausnehmbaren Hefts beigefügt ist.

Dieses Buch will zeigen, wie eine Generation von Journalistinnen und Journalisten, die in Redaktionen, auch über Ringier hinaus, das Thema Gleichstellung und Diversität debattiert und Diversität als publizistische Dimension behandelt, die Medienbranche verändern kann. Mit Erfahrungen, Learnings, Best Practices und Stimmen, die inspirieren.

Der Gender Visibility Gap

Frauen sind in den Medien deutlich weniger sicht- und hörbar als Männer. Dieses Ungleichgewicht, bekannt unter der Bezeichnung «Gender Visibility Gap», prägt die öffentlichen Debatten.

Eine männliche Sicht der Welt

Männer und Frauen sind in der Schweiz gleichberechtigt. Ihre Sichtbarkeit ist aber ungleich. In der Bundesverfassung ist die Gleichstellung der Geschlechter seit 1981 verankert. In den Medien und der Öffentlichkeit ist diese Gleichstellung 2023 aber nicht erreicht. Medien sind immer noch Männersache. In Zeitungen, Onlinemedien, im Fernsehen und Radio erhalten Männer mehr Platz und Redezeit. Und das deutlich.

In der Schweiz handeln Medienberichte zu 77 Prozent von Männern. Auf eine Erwähnung einer Frau kommen rund drei Erwähnungen von Männern, wie das Forschungszentrum Öffentlichkeit und Gesellschaft (fög) der Universität Zürich in einer Studie festhielt. Diese Ungleichheit bestehe, mit geringfügigen Unterschieden, in allen Schweizer Sprachregionen und über sämtliche Medientypen hinweg, so das fög, das den Zeitraum von 2015 bis 2021 untersucht hat.

Untersucht man einzelne Ressorts, sind die Zahlen erschreckend: Frauen machen 40 Prozent der Athletinnen und Athleten im Sport aus, werden aber nur in einem Bruchteil der Artikel zum Thema erwähnt. Auch in der Wirtschaftsberichterstattung spielen Frauen eine geringe Rolle, meist sind über 80 Prozent der Akteurinnen und Akteure Männer.

Belegt ist die Unterrepräsentation auch in Deutschland und Österreich: Eine Studie der Österreichischen Akademie der Wissenschaften (ÖAW) hat gezeigt, dass Frauen klar weniger sichtbar sind: Die Analyse von rund 3500 politischen Nach-

Wenig Platz für Frauen in den Medien

■ Männeranteil und
■ Frauenanteil in Ressorts von Schweizer Medien.

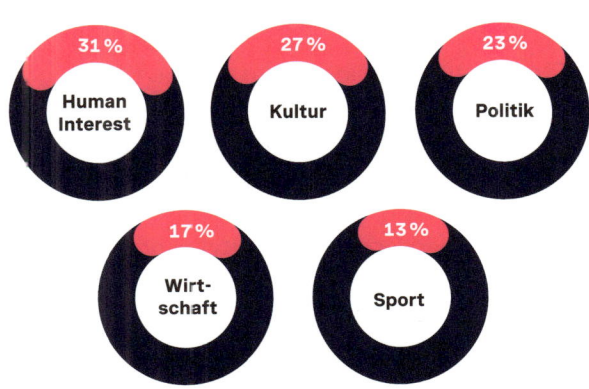

Quelle: Forschungszentrum Öffentlichkeit und Gesellschaft (fög) der Universität Zürich

richtenbeiträgen aus zwölf österreichischen Tageszeitungen, TV-, Radio- und Onlinemedien im Jahr 2018 ergab: Lediglich 25 Prozent der Beiträge beinhalteten Frauen, die als zentrale Akteurinnen fungierten, wie beispielsweise Expertinnen, Politikerinnen oder Privatpersonen, die ihre Meinung oder Einschätzung darlegten. In der überwiegenden Mehrheit der Artikel, nämlich 75 Prozent, kamen überhaupt keine weiblichen Akteurinnen vor. Das bedeutet im Durchschnitt, dass pro Artikel nur 0,29 Frauen, aber 1,15 Männer vertreten waren. Ähnliche Zahlen liegen aus Deutschland vor: Laut einer Studie der MaLisa-Stiftung (2020) sind 74 Prozent der Expertinnen und Experten in Informationssendungen männlich und 26 Prozent weiblich. Andere Studien zählten die Expertinnen in deutschen Abendnachrichten und zeigten auf, dass deren Anteil nur 21 Prozent betrug.

Laut dem Global Media Monitoring Project (GMMP) liegt der Anteil von Männern in der Berichterstattung weltweit sogar bei 82 Prozent. Das GMMP führte 2015 die grösste Studie über die Darstellung, Beteiligung und Repräsentation von Frauen in den Nachrichtenmedien durch, die sich über 20 Jahre und 114 Länder erstreckte, und stellte fest, dass weniger als ein Viertel der Nachrichtenquellen Frauen sind. Wenn Frauen in den Nachrichten zu Wort kommen, berichten sie eher über ihre persönlichen Erfahrungen oder als Augenzeuginnen.

Eine Studie des European Journalism Observatory untersuchte die Repräsentation von Frauen in der politischen Berichterstattung in 13 Ländern. Frauen wurden nur in 23 Prozent der Berichte zitiert, im Rest der Artikel erhielten Männer das Wort und äusserten sich zu den drängenden politischen Fragen oder wurden in Beiträgen beschrieben.

Auch Daten von UN Women zeigen, dass Frauen global nur in 22 Prozent der Fälle Akteurinnen in der Berichterstattung oder Interviewpartnerinnen sind. Bei einer weiteren Analyse von 35 000 amerikanischen Nachrichtenbeiträgen wurde festgestellt, dass Männer dreimal so oft zitiert werden wie Frauen.

Wer Medien konsumiert, egal welche, bekommt somit ein Bild von der Welt, das grösstenteils männlich ist und von Männern kommentiert wird. Der Gender Visibility Gap führt dazu, dass für ein Mädchen, das heute geboren wird, etwa 25 Prozent des Platzes in Medien reserviert sind, für einen Jungen etwa 75 Prozent.

«Ziel muss es sein, Vielfalt in einem umfassenderen Sinne zu betrachten, weit über die Geschlechterkategorien hinaus.»

Ladina Heimgartner, CEO Ringier Medien Schweiz

Der Gender Visibility Gap steckt fest

Frauenanteile in der Berichterstattung von Schweizer Medien nach Jahren.

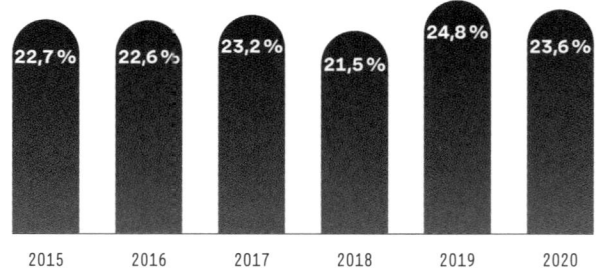

2015	2016	2017	2018	2019	2020
22,7 %	22,6 %	23,2 %	21,5 %	24,8 %	23,6 %

Quelle: Forschungszentrum Öffentlichkeit und Gesellschaft (fög) der Universität Zürich

Ist der Gender Visibility Gap ein Problem?

Der Gender Visibility Gap spielt in der öffentlichen Diskussion bisher keine allzu grosse Rolle. Meist werden diese Zahlen mit einem Schulterzucken zur Kenntnis genommen. Es werde gute Gründe geben, warum ein Mann eine vielfach höhere Chance hat, seine Ideen und Themen in die Öffentlichkeit zu tragen, als eine Frau. Es werde weniger Frauen in gewissen Positionen geben, daher sei die Ungleichheit schon berechtigt, so die Logik. Medien bilden ab, was ist, und Frauen seien nun mal seltener in Führungspositionen. Doch stimmt das?

Der Anteil von Frauen in Führungspositionen in der Wirtschaft steigt. Die Zahl von Nationalrätinnen ist in der Schweiz so hoch wie noch nie. Frauen sollten die gleiche Stimme haben, aber sie wird deutlich weniger transportiert, selbst in Bereichen, in denen der Frauenanteil prozentual erheblich höher ist als die mediale Repräsentation. Der Gender Visibility Gap scheint festzustecken und nicht auf die Zunahme von Frauen in öffentlichen Ämtern und Führungsrollen zu reagieren.

Das hat zum Teil mit Routinen in der redaktionellen Arbeit zu tun. Wenn es darum geht, eine Expertise einzuholen, werden meist Männer angefragt (dazu mehr auf Seite 51). Sie kommentieren und ordnen viel häufiger ein als Frauen und prägen damit den öffentlichen Diskurs, und das auf globaler Ebene. Das beweisen Daten mehrerer breit angelegter und internationaler Untersuchungen. Wer Medien konsumiert, bekommt eine Sicht der Welt präsentiert, die von der männlichen Perspektive geprägt ist.

Auch bei der Untersuchung grosser Newslagen zeigen die Daten klar, welches Geschlecht die Berichterstattung dominiert. Ein Beispiel ist die Covid-19-Pandemie. Männer bestimmten die Schlagzeilen, sie kommentierten die Pandemie, sie beschrieben das Problem, und sie zeigten Lösungen auf. Ihre Gedanken und Meinungen wurden grossflächig multipliziert. Frauen waren hingegen massiv unterrepräsentiert. Eine Analyse von 146 800 Artikeln über die Pandemie in 15 grossen Medien in den USA, Grossbritannien und Australien hat gezeigt, dass bei den Einschätzungen zur Pandemie nur ein Drittel der Meinungen von Frauen kamen. Bei Fragen, die sich mit Epidemiologie und dem Gesundheitswesen befassten, waren die Zahlen noch tiefer: Hier stammte nur ein Viertel der Zitate von Frauen. Öfter hingegen wurden Frauen befragt, wenn es um die Auswirkungen der Pandemie auf die Kinderbetreuung ging. Bei Berichten der Finanz- und Wirtschaftspresse zum Thema war wiederum nur eine von sechs Stimmen weiblich.

Ist es einfach hinzunehmen, dass bei grossen gesellschaftlichen Problemen und Herausforderungen primär Männer Einschätzungen und Lösungsvorschläge anbieten, die auch von der Öffentlichkeit wahrgenommen werden? Muss die Stagnation des Gender Visibility Gap in Medien akzeptiert werden, trotz steigender Anzahl von Frauen beispielsweise in Führungspositionen? Wie können Newsrooms auf diese gesellschaftlichen Veränderungen reagieren, ohne in ihrer Arbeit die Realität zu verzerren?

Kann man den Gender Visibility Gap verändern?

Eine stärkere Sensibilität für die Unterrepräsentation des grössten Teils der Gesellschaft, nämlich der Frauen, beginnt damit, dass Daten dazu erfasst und analysiert werden. Bisher geschah das nur nachträglich.

Wenn beispielsweise nach der Covid-19-Pandemie knapp 150 000 Artikel ausgewertet werden, wie in der oben beschriebenen Studie, und eine Unterrepräsentation festgestellt wird, ist das wichtig, beschreibt das Problem aber nur im Nachgang: «Frauen kamen also wieder einmal nicht in der öffentlichen Debatte vor - wir versuchen, es das nächste Mal besser zu machen.»

Der Gender Visibility Gap in Zahlen

Männer dominieren auf jedem Medienkanal

Anteil von Frauen in News nach Medientypen
und Themen weltweit ■ 1995 ■ 2020

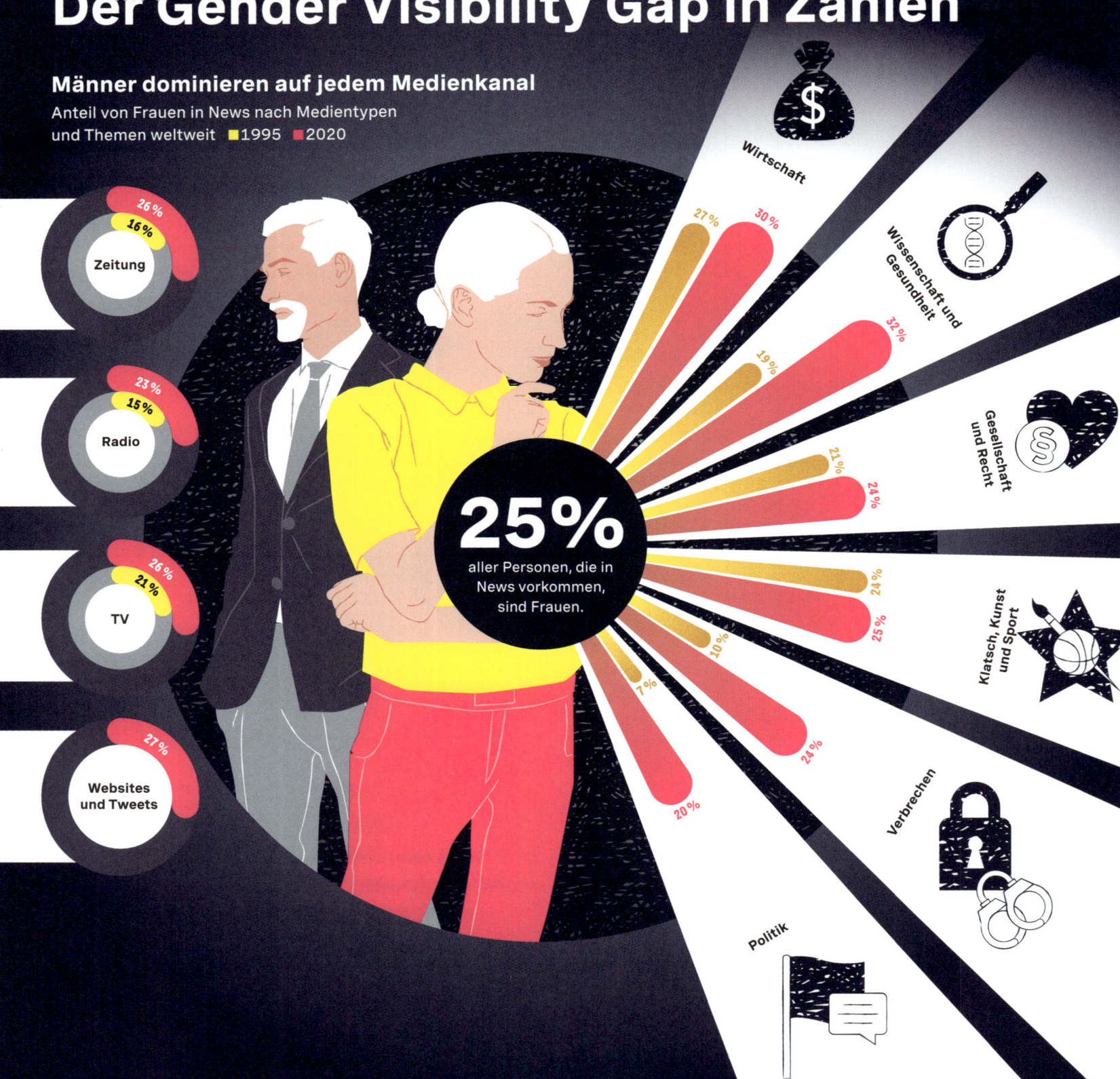

Zeitung — 26 % / 16 %

Radio — 23 % / 15 %

TV — 26 % / 21 %

Websites und Tweets — 27 %

25 %
aller Personen, die in News vorkommen, sind Frauen.

Wirtschaft — 27 % / 30 %

Wissenschaft und Gesundheit — 19 % / 32 %

Gesellschaft und Recht — 21 % / 24 %

— 24 % / 24 %

— 10 % / 25 %

Klatsch, Kunst und Sport — 7 % / 24 %

Verbrechen — 20 %

Politik

Quellen: Global Media Monitoring Project 2020, The Missing Perspectives of Women in News 2020, Forschungszentrum Öffentlichkeit und Gesellschaft (fög) 2022

Männer dominieren global

Anteil von ■ Frauen und ■ Männern in News-Schlagzeilen in ausgewählten Ländern

Grossbritannien 30 % / 76 %
Kenia 23 % / 73 %
USA 21 % / 82 %
Indien 21 % / 79 %
Südafrika 20 % / 78 %
Nigeria 15 % / 83 %

Die Zahlen können 100 Prozent übersteigen oder unterschreiten, wenn sowohl Männer als auch Frauen gleichzeitig in einer Schlagzeile standen oder geschlechtsneutrale Namen genannt wurden.

Frauen in der Schweizer Berichterstattung

Frauenanteil in Print- und Onlinemedien von 2015 bis 2021
■ Wirtschaftsberichterstattung
■ Gesamtberichterstattung

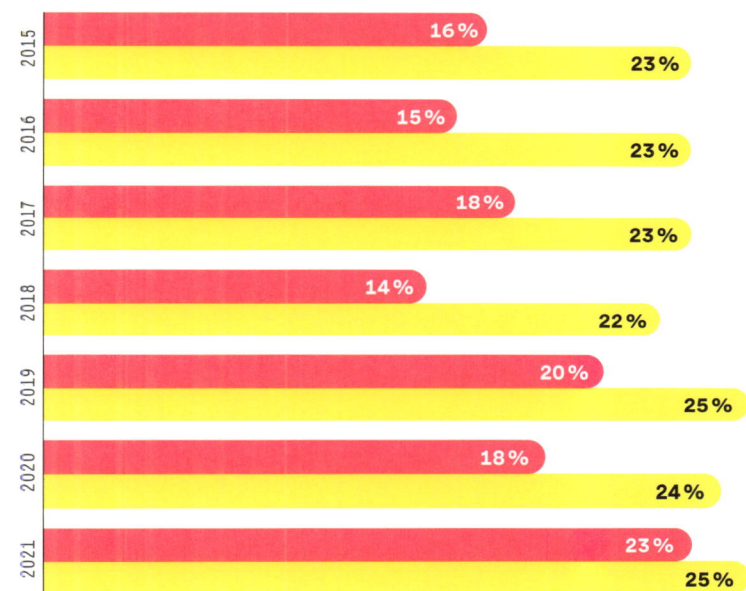

Jahr	Wirtschaftsberichterstattung	Gesamtberichterstattung
2015	16 %	23 %
2016	15 %	23 %
2017	18 %	23 %
2018	14 %	22 %
2019	20 %	25 %
2020	18 %	24 %
2021	23 %	25 %

Wer spricht zum Thema Corona?

■ Männeranteil und ■ Frauenanteil in Artikeln zum Thema Covid-19-Pandemie

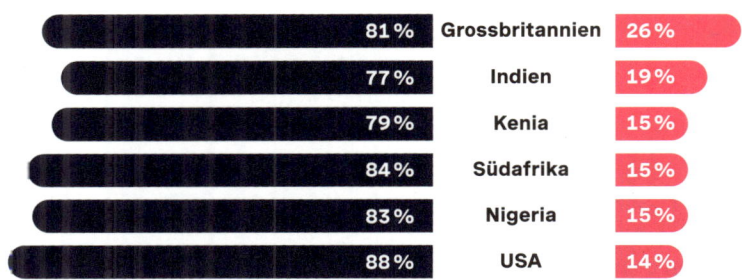

Land	Männeranteil	Frauenanteil
Grossbritannien	81 %	26 %
Indien	77 %	19 %
Kenia	79 %	15 %
Südafrika	84 %	15 %
Nigeria	83 %	15 %
USA	88 %	14 %

Quoten ersticken die redaktionelle Debatte im Keim.

Das reicht nicht mehr. Die Frage ist: Wie kann während einer Krise, während der nächsten Pandemie, während einer grossen Newslage das Thema analysiert und dabei die Stimmen von Frauen hörbarer gemacht werden? Wie kann im redaktionellen Alltag das Thema integriert und der Gender Visibility Gap reflektiert werden, und zwar unter den Livebedingungen der journalistischen Arbeit?

Welches Medium weiss zum Beispiel, gestützt auf Daten, wann im Jahr Frauen tendenziell aus seiner Berichterstattung verschwinden? Welches kann genauso sagen, in welchen Ressorts die ausgewogene Repräsentation der Geschlechter noch unerreicht ist? Und welches kann dies live tun und ist fähig, darauf zu reagieren? Die meisten Newsrooms tappen hier noch im Dunkeln und begnügen sich mit nachträglichen Analysen, die das Problem beschreiben, aber kaum Auswirkungen auf die Praxis haben.

Nur wenn Redaktionen über Livedaten zum Thema Gender Diversity verfügen, können sie eine effektive Debatte darüber führen und erkennen, wann und wie Frauen aus der Berichterstattung verschwinden. Nur datengetriebene Tools, die mittels KI Millionen von Artikeln live analysieren können, helfen, mit dem Gender Visibility Gap umzugehen. Daher führt kein Weg daran vorbei, Diversity Tracking in Newsrooms zu integrieren.

Ob sich die Zahlen dann ändern werden und sollen, ist eine zweitrangige Frage. Primär geht es darum, den Anteil von Frauen in der Berichterstattung zu kennen, seine Veränderungen zu beobachten und darüber in Redaktionen zu debattieren.

Soll man den Gender Visibility Gap verändern?

Journalismus arbeitet unabhängig und frei von Vorgaben. Eine Quote, wie viele Männer und Frauen abgebildet werden müssen, ist daher unjournalistisch und abzulehnen. Hingegen wird es Teil des modernen Journalismus sein, über Daten zu Diversität und Gender in seiner Arbeit zu verfügen und diese klug zu analysieren.

Diversität sollte als eine publizistische Dimension debattiert werden – und zwar datengestützt. Denn schon jetzt werden in der modernen journalistischen Arbeit so viele Daten erhoben wie noch nie. Redaktionen wissen genau, welche Artikel wie lange von wem gelesen werden. Die Performance von Artikeln wird auf unzähligen Ebenen analysiert: Abo-Konversion, Visits, Social Performance und vieles mehr.

Es gab aber bis vor vier Jahren noch keinen branchenüblichen Wert, der den Faktor Gender als Kennzahl in Newsroom-Dashboards integrierte und die Debatte über Genderdiversität in Redaktionen förderte. Die EqualVoice-Initiative stellt dieses Tool bereit. Es reiht sich neben vielen anderen Tools in einem Newsroom ein und wird genauso wie die anderen analytisch und reflektiert genutzt und eingesetzt.

Newsrooms, die mit dem sogenannten EqualVoice-Faktor arbeiten und damit Transparenz über die Genderrepräsentation erzeugen, haben einen Vorsprung gegenüber anderen. Sie wissen mehr über ihr Produkt und ihre Arbeit und sind in der Lage, datengestützte Debatten über Diversität zu führen, die über Bauchgefühldiskussionen oder die üblichen Reflexe («Das haben wir immer schon so gemacht» oder ähnlich) hinausgehen.

Dabei gilt: Eine Gender-Diversity-KPI in Medien ist keine Quote, keine Vorgabe, sondern ein Transparenztool, das die Repräsentation von Männern und Frauen analysiert und eine Debatte über Genderdiversität ermöglicht und vorantreibt. All das tun Quoten und strikte Vorgaben eben nicht. Sie ersticken die redaktionelle Debatte, die durch ein intelligentes Datentool erst ermöglicht wird, im Keim.

Die Zeit, diesen Schritt zu machen und ein Diversity-Tool im Newsroom zu integrieren, ist günstig. Medienhäuser und Newsrooms haben die Dringlichkeit der Thematik erkannt. Auf vielen Fachkongressen und in Branchenpublikationen ist das Thema Diversität omnipräsent. Heute behandelt die Industrie es aber noch sehr stark über den (wichtigen) Faktor der Diversität im Newsroom, aber weniger über Diversität im Produkt selbst. Das zeigen Umfragen des Reuters Institute an der University of Oxford. Gefragt, was Medienunternehmen in Bezug auf das Thema Diversität unternehmen, wird klar: Es werden vor allem Daten zu den Angestellten und Chefredaktionen gesammelt und ausgewertet.

Genderdiversität wurde als das drängendste Ziel in den Newsrooms und Chefredaktionen erkannt. Dahinter steckt die Annahme, dass ein Team, das beim Genderverhältnis gleichberechtigter aufgestellt ist, auch das Problem der Unterrepräsentation, also des Gender Visibility Gap, besser angehen kann.

Es ist aber möglich, neben diesen Projekten einen Schritt weiterzugehen und direkt den Output zu analysieren. Dadurch wird Medienschaffenden Datenmaterial und Transparenz geboten und nicht einfach darauf gewartet, dass Newsrooms, die diverser sind, auch den Output diverser gestalten - ohne über genügend Daten dazu zu verfügen.

Das ist zudem der direktere Weg auf das Publikum zu. Denn dieses sieht am Ende das Produkt und die Medieninhalte und kennt in den allermeisten Fällen die Genderzusammensetzung eines Newsrooms nicht - und interessiert sich wohl auch nur begrenzt dafür.

Die Diversität im Newsroom ist wichtig (dazu mehr auf Seite 79). Doch die Analyse des Outputs unter dem Aspekt von Diversität und Gender ist entscheidend, um den Gender Visibility Gap zu verstehen, transparent zu machen und um zu verhindern, dass Frauen aus den Medien verschwinden oder gar nicht erst berücksichtigt werden.

Was Medienunternehmen tun, um Diversität zu erreichen

Anteil der Umfrageteilnehmenden, die folgende Massnahmen durchführen

Wir sammeln/veröffentlichen Daten über die Vielfalt der Mitarbeitenden (z. B. Geschlecht, ethnische Zugehörigkeit).
64%

Wir erheben/veröffentlichen Daten über die Führung der Redaktion (z. B. Geschlecht, ethnische Zugehörigkeit).
50%

Wir haben eine Person, die für Vielfalt, Gleichberechtigung und Integration zuständig ist.
42%

Wir verfügen über ein Budget für interne Initiativen zur aktiven Förderung der Vielfalt in unserer Redaktion.
39%

Wir erheben/veröffentlichen Daten über die Vielfalt der Redaktorinnen und Redaktoren sowie der Interviewpartnerinnen und -partner (z. B. Geschlecht, ethnische Zugehörigkeit).
34%

Nichts von dem
21%

Quelle: Reuters Institute, University of Oxford

Gender und ethnische Herkunft sind die Topprioritäten für den Wandel in Newsrooms

Antworten der Umfrageteilnehmenden auf die Frage, welche der folgenden Aspekte zur Verbesserung der Vielfalt in den Redaktionen für ihre Nachrichtenorganisation in diesem Jahr höchste Priorität hat

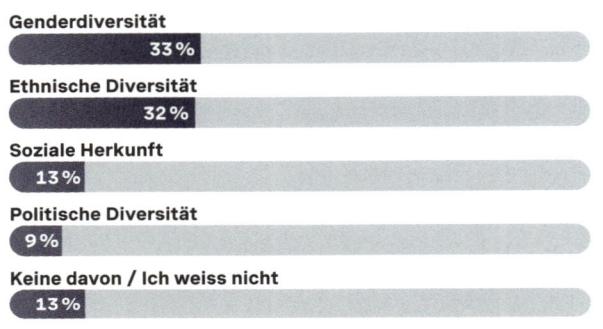

Genderdiversität
33%

Ethnische Diversität
32%

Soziale Herkunft
13%

Politische Diversität
9%

Keine davon / Ich weiss nicht
13%

Quelle: «Changing Newsrooms 2022», Reuters Institute, University of Oxford

Rückblende 2019: Wir zählen nun also Frauen?

Der landesweite Frauenstreik vom 14. Juni 2019, bei dem über 500 000 Personen in allen Teilen des Landes für das Anliegen der Geschlechtergerechtigkeit auf die Strasse gingen, wird in die Geschichte der Schweiz eingehen als eine der grössten Mobilisierungen seit dem Landesstreik 1918. Die Anliegen von Frauen wurden so prominent und dezidiert in der Öffentlichkeit vertreten, wie es das Land bisher noch nicht erlebt hat.

Bei den Wahlen vom 20. Oktober 2019 wurden erstmals mehr «neue» Frauen als «neue» Männer in den Nationalrat gewählt. Der Anteil von Frauen im Nationalrat erreichte mit 42 Prozent, das heisst 84 Frauen, einen neuen Höchststand. Die Schweiz holte in internationalen Rankings, die die politische Repräsentation von Frauen betreffen, auf.

Im November desselben Jahres startete im Konferenzzimmer 1 im Erdgeschoss des Ringier-Pressehauses die EqualVoice-Initiative und setzte einen damals noch kleinen, aber für die Medienbranche neuartigen Akzent.

Zusammen mit Verlegerin Ellen Ringier, CEO Marc Walder, den Mitgliedern der Geschäftsleitung und den führenden Journalistinnen und Journalisten aller Titel wurde die EqualVoice-Initiative vorgestellt und debattiert. Annabella Bassler (CFO)

Die drei Prinzipien von EqualVoice

Die Redaktionen arbeiten unabhängig mit dem EqualVoice-Instrument.
Von Beginn an wurde klargestellt, dass es keinen unternehmensweiten EqualVoice-Faktor geben wird, den alle Redaktionen anstreben. Das wäre bei der Breite an Medienmarken nicht nur unmöglich umzusetzen, sondern liefe dem Verständnis von journalistischer Unabhängigkeit völlig zuwider. Abgesehen davon, dass es damit zu skurrilen Verzerrungen in der Repräsentation von Protagonisten und Protagonistinnen kommen würde. Vielmehr wurde festgehalten: Die EqualVoice-Software wird jeder Redaktion zur Verfügung gestellt. Sie arbeitet mit diesem Instrument unabhängig und individuell. Jede Redaktion schaut selber in den «EqualVoice-Spiegel» und erhält ein faktenbasiertes Ergebnis: So viele Frauen kommen in diesem oder jenem Titel vor. Es ist kein Bauchgefühl mehr, sondern ein Fakt. Was die Redaktion daraus macht, also welches Ziel sie sich setzt, ist individuell und wird von den EqualVoice-Projektteams innerhalb der Redaktionen und Chefredaktionen entschieden.

Eine Kennzahl ersetzt keine Debatte über publizistische Qualität.
Journalismus ist längst datengetrieben. Redaktionen wissen heute so präzise wie nie, was Leserinnen und Leser interessiert, wie diese auf Inhalte reagieren, welche Inhalte geteilt und empfohlen werden und welche Artikel beispielsweise dazu motivieren, ein Abo zu lösen. Der EqualVoice-Faktor ist eine weitere Kennzahl, die die journalistische Arbeit analysiert. Genauso wie die Redaktorinnen und Redaktoren heute genau wissen, wie ihre Inhalte performen, wissen sie auch, wie

und Katia Murmann (damals Chefredaktorin von *Blick.ch*), erklärten, wie künftig ein Algorithmus mithilfe künstlicher Intelligenz dabei helfen soll, mehr Genderdiversität in Medienberichten sicherzustellen.

Die Begründung war konkret: Medienberichte in der Schweiz handeln zum Grossteil von Männern (siehe Seite 15). Ziel von EqualVoice ist es, die Sichtbarkeit von Frauen in den Medien zu erhöhen, mehr weibliche Vorbilder zu schaffen sowie Frauen und Männer in der Expertinnen- bzw. Expertenrolle gleich zu behandeln. Und das ohne Quoten oder Verbotsdebatten. Die EqualVoice-Technologie misst im Grunde mittels eines eigens entwickelten semantischen Algorithmus die Sichtbarkeit von Frauen in den Artikeln der Medientitel von Ringier und Ringier Axel Springer Schweiz. Der so ermittelte Faktor besteht im Kern aus zwei objektiven Kennziffern: zum einen aus dem Teaser-Score, der die Visibilität von Frauen in Headlines und Titeln auswertet, und zum anderen aus dem Body-Score, der zeigt, wie oft Frauen und Männer im Artikeltext zur Sprache kommen. Später wurde er um den Image-Score und Video-Score ergänzt.

Im Zuge dieser ersten Vorstellung von EqualVoice entwickelte sich eine kritische, teils skeptische Diskussion: Ob es sich hier um eine PR-Kampagne von Ringier handle? Ob nicht gerade Medien, die sich einem solchen übergeordneten Ziel verschrieben, ihre Unabhängigkeit verlören? Wie das Publikum auf dieses Engagement reagieren würde? Ob Abo-Kündigungen und eine Abwanderung zur Konkurrenz die Folge sein würden? Und ob EqualVoice nicht als Belehrungs- und Erziehungsversuch gegenüber dem Publikum verstanden werden könnte?

Zudem wurde kritisch hinterfragt, ob man die journalistische Performance und Leistung anhand einer Kennzahl definieren und beurteilen könne. Zugespitzt formulierte ein Chefredaktor die Frage, wie man denn am Ende des Tages auf den Tag schaue: Angenommen, man habe die Kennzahl des Faktors erreicht – habe man aber auch die journalistischen Ansprüche und Ziele eingehalten und umgesetzt?

die Repräsentation von Männern und Frauen aussieht. In diesem Sinn ist die Diversity-Kennzahl in der journalistischen Arbeit nur eine weitere unter vielen. In jedem modernen Medienunternehmen sind ganze Datenanalyseteams damit beschäftigt, aus Kennziffern Trends und Entwicklungen herauszulesen und aus der Interpretation redaktionelle Entscheidungen abzuleiten. Eine Kennzahl wird aber nie darüber entscheiden, ob eine journalistische Arbeit qualitätsvoll ist. Das beste Interview kann wenig Abos generieren, die schönste Reportage auf manchen Ausspielkanälen vielleicht nicht

die Masse erreichen, und das relevante News-Item wird vielleicht nicht so oft zitiert, wie man es sich wünscht. Dennoch steht die journalistische Qualität dieser Arbeiten ausser Frage. Wir wissen heute nur viel besser, wie eine Arbeit in unterschiedlichen Dimensionen zu interpretieren ist.

Diversität wird als eine publizistische Dimension anerkannt.
Diversität ist kein Bauchgefühlthema, keine Nebensächlichkeit mehr. Redaktionen besprechen es künftig auf der Grundlage von Daten. Diversität ist ein Faktor, der

gemessen wird, und zwar von einem intelligenten Instrument. Diversität steht als ein Performance-KPI des Journalismus neben vielen weiteren Instrumenten und KPIs, ohne die die Erstellung und Distribution von Inhalten gar nicht mehr so professionell und zielgerichtet wie heute üblich möglich wäre. Das Thema wird seit diesem Tag im November im Erdgeschoss des Ringier-Pressehauses in einer neuen Weise ernst genommen, sodass es für die Schweizer Medienlandschaft und auch darüber hinaus eine neue Qualität erhalten hat.

«Ich recherchiere»: Welche Kontakte nutze ich für die Recherchen immer wieder und wo im Netzwerk gibt es blinde Flecken?

Der Faktor wertet nicht, sondern zeigt den Status quo.

Journalismus anhand von Zahlen und Daten zu beurteilen: Wie soll das gehen? Die Meinungen nach dieser ersten Sitzung waren gespalten. EqualVoice war noch nicht fassbar.

Die Besonderheit von EqualVoice ist, wie die Initiatorin Annabella Bassler in der Debatte klarmachte, dass die Instrumente nur als Spiegel für Redaktionen funktionieren. Sie zeigen, wie das Verhältnis bei der Darstellung der Geschlechter ist. Der Faktor wertet nicht, sondern er bildet die redaktionelle Realität ab.

Eine weitere Funktion von EqualVoice ist, dass die Initiative eine Bühne für journalistische Debatten bietet, wie sich bereits in der ersten Diskussion mit den Journalistinnen und Journalisten zeigte. Darin kam beispielsweise der Punkt auf, dass man die Frauen ja nicht erfinden könne. So gebe es in der Wirtschaft schlicht zu wenig Frauen, als dass man ihren Anteil in der Berichterstattung steigern könne. Zudem sei die Bereitschaft von Frauen, auf Interviewanfragen zu reagieren, oft zu wenig ausgeprägt. Männer würden schneller antworten und seien teils weniger kompliziert bei der Freigabe von Zitaten und Bildern.

Es gehe nicht darum, ein Verhältnis von 50:50 herzustellen, betonte Bassler. Gezeigt werden soll die Realität. Wenn also in Schweizer Verwaltungsräten ein Frauenanteil von 30 Prozent vorhanden sei, entspreche ein Frauenanteil von 15 Prozent in der Berichterstattung nicht der Realität in der Wirtschaft. Und im Hinblick auf die vermeintliche «komplizierte Grundhaltung» von Frauen und Expertinnen ergaben sich in den Jahren darauf einige spannende Einblicke, warum sie in der Öffentlichkeit zurückhaltender agieren als Männer (mehr dazu auf Seite 53). Damals aber stand die Debatte erst am Anfang.

Sprung ins Heute: Produktive Unruhe im Newsroom

Die Debatten, die 2019 in den Redaktionen des Pressehauses und Medienparks in Zürich geführt wurden, wiederholen sich heute in zahlreichen Redaktionsworkshops in ganz Europa, sei es in Berlin, Warschau, Belgrad, Budapest und an anderen Orten. Der Gender Visibility Gap betrifft jeden Newsroom, und die Diskussionen und Vorbehalte gegenüber diesem Ansatz redaktioneller Arbeit sind häufig ähnlich.

Besonders spannend zu beobachten: Oftmals verkehren sich während dieser Debatten die Rollen der Sprecherinnen und Sprecher. Plötzlich melden sich Redaktorinnen und Redaktoren zu Wort, die sonst eher zurückhaltend sind, Chefredaktoren und -redaktorinnen müssen sich challengen lassen, und die Diskussionen verlaufen weniger hierarchisch. EqualVoice hat produktive Unruhe in viele Redaktionen gebracht.

Durch die Implementation in 32 Newsrooms (mit dem Ziel von 100 Newsrooms bis 2025) stehen inzwischen viele Erfahrungswerte und Best-Practice-Beispiele zur Verfügung. Und längst schon debattieren nicht mehr nur die Journalistinnen und Journalisten. Interventionen von Lektoren, Fotografinnen und Mitarbeitenden aus nichtjournalistischen Abteilungen zeigen, dass EqualVoice einen Vernetzungs- und Aktivierungseffekt innerhalb von Unternehmungen hat, mit dem 2019 noch niemand rechnen konnte. Am Anfang stand Skepsis – und diese begleitet EqualVoice bei jedem Roll-out –, danach entstand eine Dynamik, die jeden Newsroom beeinflusst hat.

«Mir war schnell klar: Unsere USP ist die Kombination mit der KI.»

Annabella Bassler ist CFO von Ringier und Initiatorin von EqualVoice.

EqualVoice startete 2019, aber wann keimte in dir die Idee, das Thema Gender Visibility Gap anzugehen?
Das war 2018. Damals stellte sich die Geschäftsleitung von Ringier an verschiedenen Ringier-Standorten vor, und ich berichtete in diesem Rahmen über die Strategie und Transformation der Ringier-Gruppe und über die Rolle von Finance in dem Prozess. Die ersten Nachfragen aus dem Publikum waren strategiebezogen. Doch dann kam irgendwann die Frage: «Wie vereinbarst du eigentlich Beruf und Familie?» Und ich überlegte: Okay, was sagst du jetzt? Antwortest du kurz, schlicht und politisch korrekt, dass alles organisiert ist, oder gibst du einen Einblick in dein Privatleben?

Wie hast du dich entschieden?
Gerade an diesem Morgen war eine Situation mit meinem Sohn Leo vorgefallen, die nicht einfach gewesen war. Also entschied ich mich spontan, zu sagen, dass die Vereinbarkeit auch für mich manchmal eine Herausforderung sei, auch wenn ich

versuche, so viel wie möglich gut zu organisieren. Ich erzählte also vor allen Mitarbeitenden, dass an diesem Morgen Leo mit Kullertränen vor mir stand, weil seine Schläppchen für den Sportunterricht einfach nicht mehr passten. Ich schlug vor, Turnschuhe zu nehmen, da schrie er weinend: «Ich habe dir letzte Woche schon gesagt, dass das nicht geht!», und stampfte mit dem Fuss auf. Ich grübelte – der Kopf sagte: Ich muss dringend ins Büro, der Bauch wusste, dass ich jetzt eine gute Lösung für Leo und damit auch für mich finden wollte. Die Schere war die Lösung: Ich schnitt die Schläppchen einfach auf und bat Leo, zum Testen nun nochmals durch den Korridor zu rennen. Freudestrahlend schaute er mich an und lachte: «Jetzt passt es.» Ich schmunzelte in mich hinein und wusste auch: Jetzt passt es wirklich.

Diese kleine Anekdote muss wohl der Tipping Point meines Auftritts gewesen sein. Nach dem Event mit den Mitarbeitenden kamen viele positive Reaktionen. Mir wurde auf einmal selber klar, dass ich

als Rollenmodell wahrgenommen werde. Dies war mir in diesem Umfang nicht bewusst gewesen. Ich habe gezeigt, dass Vereinbarkeit von Familie und Beruf nicht immer einfach ist, aber möglich.

Die Szene löste also den Gedanken aus, etwas für die Gleichstellung zu tun?
Genau. Ich habe glaubhaft gezeigt, dass es mir wichtig ist, dass wir kein «oder» zwischen Familie und Beruf setzen, sondern ein «und». Ich fragte mich, was ich aus dieser Erfahrung machen könnte. Erst überlegte ich, alle Frauen, die auf Panels gehen, zu bitten, die Frage nach Vereinbarkeit von Beruf und Familie ehrlich zu beantworten und anschliessend den Moderator oder die Moderatorin aufzufordern, die Frage allen zu stellen. Aber was hätte das für eine Langzeitwirkung? Wer weiss, wie lange ich auf Podien sitze und wie nachhaltig das ist. Und irgendwann fiel es mir wie Schuppen von den Augen: Eigentlich geht es um Sichtbarkeit, um das Sichtbarmachen von Frauen und

ihren Erfahrungen – so, wie ich in meiner Rolle als CFO sichtbar wurde, aber auch im Hinblick auf die Herausforderung von Vereinbarkeit. Und dann setzten wir uns zusammen, im ersten Meeting nur Marc Walder und ich. Im zweiten Schritt wollte ich dann die Meinung von erfahrenen Kolleginnen auf den Redaktionen bzw. im Verlag, sodass ich dann Katia Murmann, damals Chefredaktorin von *Blick.ch*, Nina Ranke, damals Leiterin Wirtschaftsmedien und Sabina Hanselmann-Diethelm, damals Chefredaktorin von *Style*, um Unterstützung bat. Das war ein ganz vertrauliches Gespräch damals. Wir fragten uns: Wie steht es um die Sichtbarkeit von Frauen? Warum sind so wenige sichtbar, auch in unseren Medien? Und warum kommen weniger Expertinnen zu Wort?

Welches Ergebnis hatte die Diskussion?

Wir fanden keine abschliessenden Antworten auf unsere Fragen. Aber wir hätten an dem Nachmittag stundenlang weiterdiskutieren können. Uns war aber von Anfang an klar, dass wir mehr Informationen brauchten – wir brauchen Daten und Fakten, um aus der emotionalen Diskussion rund um Gender Equality eine fundierte, rationale Diskussion zum Thema Gender Visibility Gap zu gestalten. Dass wir damit so sehr den Zeitgeist treffen würden, wurde uns erst später klar.

Als dann beim unternehmensinternen Kick-off-Event für alle Mitarbeitenden im November 2019 im Kraftwerk kein Platz mehr frei blieb, wurde mir erst bewusst: Das kann etwas Grosses werden.

Ein entscheidendes Erlebnis war die Reise zur BBC nach London. Warum?

Im Januar 2020 flog ich mit Katia Murmann nach London, um mir das 50:50-Projekt der BBC anzuschauen. Ein Projekt ähnlich wie EqualVoice und doch so anders: Bei der BBC zählen Journalistinnen und Journalisten manuell in Excel-Tabellen aus, wie viele Frauen vorkommen, wer als Expertin gilt, wer nicht, teils mit komplizierten Formeln. Dort wurde mir klar: Unser USP ist die Kombination mit Technologie, mit KI, mit der automatischen Datenauswertung. Wir wollen unseren Journalistinnen und Journalisten nicht mehr Arbeit beschaffen, indem sie mit Bleistift und Excel-Liste die Frauen in den Artikeln zählen müssen – dies muss KI übernehmen.

Als wir zurück in der Schweiz waren, hatten wir eine lange Diskussion mit dem Tech&Data-Team: Was muss unser Equal-Voice-Faktor alles messen können? Sollte er gewichtet werden oder gar den Kontext analysieren?

Wir hatten lange und intensive Diskussionen, ob wir die Implementation des EqualVoice-Faktors in allen Redaktionen

verschieben sollten, bis er mehr kann. Unser Team hatte dann aber einen sehr guten und wichtigen Input, der mich überzeugt hat: Lass uns mit dem «einfachen» EqualVoice-Faktor starten und ihn dann step by step weiterentwickeln. Es ist viel wichtiger, das Bewusstsein bei den Journalistinnen und Journalisten zu stärken und allen Zeit zu geben, sich an den datengetriebenen Ansatz zu gewöhnen, statt alle mit Analysen zu überfahren.

Eine CFO entwickelt ein Dateninstrument für Redaktionen. Wie viel Skepsis löste das aus?

Wenn so eine Reaktion kam, und natürlich kam sie, schaute ich die Person an und sagte: «Oh, sorry, bin ich dir irgendwie auf den Fuss getreten? Wolltest du das machen?» Die Person ruderte dann meist sofort zurück und sagte: «Nein, im Gegenteil!» Aber natürlich lag ich nachts auch wach und fragte mich: Sag mal, willst du dir diesen Schuh wirklich anziehen? Kannst du das überhaupt? Wie schnell stirbt EqualVoice, falls ich den Support der Journalistinnen und Journalisten nicht mehr habe? Aber dann in Redaktionsworkshops den Support, die Energie, die Einsatzbereitschaft zu spüren, motiviert mich bis heute, dass wir hier gemeinsam etwas Grosses erschaffen können.

Du hast deine Karriere in der Medien-branche lange vor EqualVoice gestartet. Du hast im Consulting ge-arbeitet und in vielen Positionen im Finanzbereich, unter anderem bei der Oetker-Gruppe im Hamburg. Gleichstellung war damals wohl eher weniger ein Thema.

Ich glaube, dass ich diese Karriere so machen konnte, hat auch in die Konzeption von EqualVoice hineingespielt. Ich habe nämlich nie den Krieg gesucht. Ich habe immer eine faire, eine harte Aus-einandersetzung hinsichtlich der Fakten, aber nicht eine minder herzliche Ausein-andersetzung mit den Menschen ge-sucht. Und ich glaube, dass diese Ver-bindung zwischen Ratio und Emotio, wie ich sie jeden Tag zu leben versuche, mir auch in den Anfangsschritten meiner Karriere geholfen hat. Ich bin immer jemand gewesen, der ein Win-win-Ergebnis für alle am Tisch gesucht hat und sich immer durch die Fakten leiten lassen konnte. Und genau das machen wir auch mit EqualVoice: Die Fakten und Zahlen sind auf dem Tisch, und wir suchen eine Win-win-Lösung für alle, die mit dem Faktor arbeiten.

Wie hat dein Elternhaus dich geprägt?

Ich hatte in Kinderzeiten immer mehr Freunde als Freundinnen. Und mein Vater ist Ingenieur und war als Manager tätig, meine Mutter war als Mathema-tikerin und Physikerin bei uns zu Hause tätig. Mit solchen Eltern lernt man, wie man argumentieren muss und wie man eine faktenbasierte Diskussion führt. Ihr Signal war: Alles ist möglich, wenn man es wirklich will und bereit ist, dafür die Extrameile zu gehen, und wenn ein Quäntchen Glück dabei ist. Es war für mich immer klar, dass ich arbeiten wollte. Ausserdem haben sie mir immer vorge-lebt, dass wir alle auch eine gewisse Ver-antwortung für einen gesellschaftlichen Zweck übernehmen sollten. So durfte ich keinen Nebenjob annehmen, sondern sollte mich in meiner freien Zeit für etwas Gutes einsetzen. Das hat mich sicherlich sehr geprägt.

Was ist dein Prinzip, das du anderen mitgeben möchtest?

Für mich ist es bis heute der Fokus auf den Austausch mit den verschiedenen Per-sonen. Bei jeder Person überlege ich mir: Was kann ich von ihr lernen? Denn ich bin davon überzeugt, dass jedes Gespräch einen Sinn hat und es meine Aufgabe ist, herauszufinden, welchen und was dessen Quintessenz ist. Diese Überzeugung hat mich mein ganzes Leben lang begleitet. Schon als Kind habe ich jeden Tag reflek-tiert. Ich überlegte mir zum Beispiel, wie ich den Tag leben würde, wenn ich ihn noch mal leben könnte, was ich an-ders machen würde. Inzwischen bin ich freundlicher zu mir geworden. Begeg-nungen sind für mich eine der grössten Quellen von Inspiration.

Den Gender Visibility Gap messen

Mit Daten und KI-Tools werden Ungleichheiten sichtbar. Der EqualVoice-Faktor legt den Gender Visibility Gap in Medien offen.

Was ist der EqualVoice-Faktor?

Diversity-Initiativen sind zum Scheitern verurteilt, wenn es ihnen an zwei Dingen fehlt: an Zielen und an Messbarkeit. Die Skepsis gegenüber Diversity-Themen besteht oft darin, dass grosse Worte mit unklaren Zielen verbunden sind. Nicht zufällig sind viele Projekte in diesem Bereich beim HR angesiedelt oder werden als «softe» und nebensächliche Aspekte neben dem «harten» Kernbusiness betrachtet.

Wer Diversität ernst nimmt, entwickelt deshalb Arbeitsmethoden und Instrumente, die auch in anderen Businessbereichen gelten und genutzt werden. Ganz zentral dabei: messbare KPIs, die die Entwicklung eines Prozesses abbilden und anhand von Meilensteinen Fortschritte, Stagnation oder Rückschritte aufzeigen. Der EqualVoice-Faktor ist daher als ein KPI für das Thema Diversität in Medien zu verstehen.

Der EqualVoice-Faktor besteht aus zunächst zwei Kernwerten, dem Teaser-Score und dem Body-Score. Sie wurden später um den Video- und den Image-Score ergänzt. Der Teaser-Score misst, wie viele Frauen und Männer in den Schlagzeilen eines Mediums vorkommen. Der Body-Score analysiert, wie viele im Artikeltext zu Wort kommen. Diese zwei KPIs wurden nicht zufällig ausgewählt.

Schlagzeilen sind ein ausschlaggebender Faktor jedes Mediums. Sie bestimmen zu einem grossen Teil darüber, ob Leserinnen und Leser überhaupt damit beginnen, einen Artikel zu lesen, ob sie sich reinziehen lassen und ob sie eine Kaufentscheidung für ein Produkt treffen oder beschliessen, ein Medium zu abonnieren oder einen Artikel zu teilen. Titel sind im Journalismus matchentscheidend.

Der Body-Score misst hingegen die Repräsentation der Geschlechter im Text, also in den Inhalten, die Tausende Menschen erreichen, ansprechen, unterhalten und informieren sollen.

Der Split des Scores unterstreicht die Funktion dieser beiden Teile eines Artikels und ermöglicht es Redaktionen, ihre Debatten um Genderdiversität noch differenzierter zu führen. So kann beispielsweise analysiert werden, ob eine geringere Repräsentation in den Titeln eine Auswirkung auf den Text hat und umgekehrt. Die beiden Anspracheformen journalistischer Arbeit sind so unterschiedlich und so eng aneinandergekoppelt, dass die getrennte Auswertung von Teaser- und Body-Score sinnvoll ist. Der später eingeführte Image-Score und Video-Score wiederum ist in der Lage, auf Fotos bzw. Videos zu erkennen, ob eine Frau oder ein Mann abgebildet ist (mehr dazu auf Seite 61).

Diversity-Kennzahlen müssen differenzieren und unterscheiden können und gleichzeitig einfach und verständlich sein. Für Medien ergibt der Split in Teaser-, Body- und Image-Score Sinn. Er bildet Dimensionen des Produkts ab. In anderen Bereichen, etwa in einem Corporate Newsroom, kann der Split anders erfolgen, beispielsweise anhand von Produktkategorien. Hinter solchen Entscheidungen steckt die grundsätzliche Frage, die EqualVoice und viele andere Diversity-Initiativen von Anfang an begleitet: nämlich, was überhaupt erhoben werden soll.

«Tech und Data gehören seit Jahren zur DNA von Ringier. Es ist nur logisch, dass wir Daten und Tech-Tools wie den EqualVoice-Score nutzen, um verschiedene Dimensionen der Publizistik zu analysieren.»

Kilian Kämpfen, Chief Technologie und Data Officer

So funktioniert der EqualVoice-Faktor

Für den EqualVoice-Faktor werden Teaser, Bilder und Artikeltexte von einer KI analysiert.

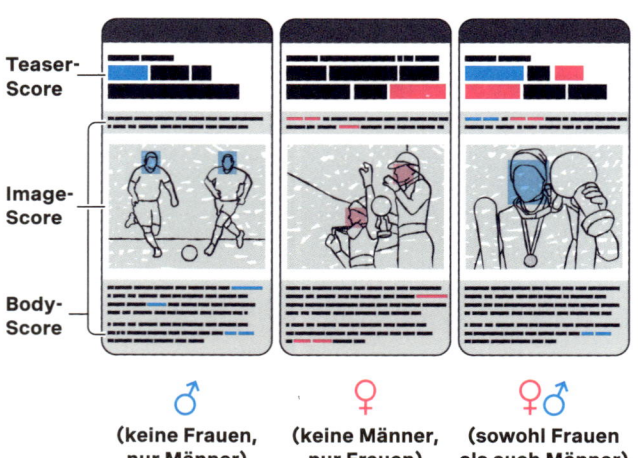

Teaser-Score

Image-Score

Body-Score

♂ (keine Frauen, nur Männer)

♀ (keine Männer, nur Frauen)

♀♂ (sowohl Frauen als auch Männer)

Was wollen wir messen?

Die EqualVoice-Software wurde 2019 in einer Phase entwickelt, in der der *Blick*-Newsroom sehr stark auf Datenanalysen und die Integration von Daten in die tägliche Arbeit setzte. Zusammen mit Expertinnen und Experten des amerikanischen Datenanalyseunternehmens Palantir wurde der Newsroom datentechnisch auf eine neue Ebene gehoben.

Künftig sollte die tägliche Arbeit von Redaktorinnen und Redaktoren noch viel stärker von Datenanalysen begleitet werden. Sie selbst sollten über Dashboards einen Liveeinblick in diese Daten haben und damit ihre Arbeit optimieren. Die Einführung von speziellen neuen redaktionellen Rollen wie dem oder der «Doctor Data», einer technisch versierten Ansprechperson für die Journalisten und Journalistinnen, machte deutlich, dass Daten künftig ganz selbstverständlich zur journalistischen Arbeit gehören und der moderne Newsroom datengetrieben und datengestützt arbeiten soll.

Natürlich galt es auch hier, Dashboards und Instrumente zu konstruieren, die für die Redaktion nützlich sind. Die Datenflut kann, wenn die Analysetools nicht durchdacht sind, überfordernd wirken. Wenn die Daten nicht in die Alltagssprache der Redaktion «übersetzt» werden, ist ihre Wirkung gleich null. Nicht zuletzt wird diese starke Datenorientierung von manchen Journalistinnen und Journalisten durchaus kritisch gesehen. Wer blind den Daten hinterherläuft, verliert das Gespür für guten Journalismus und vor allem für Relevanz, so das Argument.

Die Datenmenge und die Fähigkeit, diese mit der Expertise von Palantir intelligent auszuwerten, eröffneten dem *Blick*-Newsroom ganz neue Einsichten in das Verhalten der Nutzerinnen und Nutzer und in die Interessen des Lesepublikums. Plötzlich konnten Analysen durchgeführt werden, von denen eine reine Printredaktion nur träumen kann.

Schnell wurde klar: Auch die Dimension Gender im Sinne von männlich/weiblich kann nun problemlos analysiert und erfasst werden. Der EqualVoice-Faktor, damals noch ohne diesen Namen, war technisch möglich. Die Form aber war noch offen. Das Problem: Mit der Menge an Datenmaterial wäre es denkbar gewesen, alle möglichen Faktoren der Artikel zu messen und auszuwerten, um das Thema Genderrepräsentation zu analysieren.

Was also sollte der EqualVoice-Faktor messen? Die Länge ihrer Zitate? Ihre Positionierung auf der Seite, in den Artikeln?

Die Themen, über die Frauen sprechen? Das Labeling als Expertin oder Betroffene in einer Situation? Und welche Daten können der Redaktion mit einem Tool nahegebracht werden, ohne diese zu überfordern?

Auch die Art der Darstellung von Frauen auf Bildern, die Inhalte der Zitate, die von Frauen abgegeben werden, oder die Zahl der Autorinnen, die die Artikel verfassen, hätten erfasst und analysiert werden können. Aber welche Daten sagen wirklich etwas über die Repräsentation von Frauen in Medien aus? Welches Tool schafft Transparenz und welches nur Verwirrung?

Der Fall BBC: Ernüchterung in London

Wer ein Diversity-KPI entwickeln will, weiss: Gezählt werden kann theoretisch alles. Aber wie viel ist sinnvoll? Und was soll herausgerechnet werden? Das ist durchaus eine umstrittene Frage, die von verschiedenen Diversitätsinitiativen unterschiedlich beantwortet wird. Zweifel an bestehenden Systemen kamen Katia Murmann und Annabella Bassler bei einer Reise nach London zur britischen Rundfunkanstalt BBC. Mit ihrer 50:50-Initiative wollte das Medienunternehmen das Geschlechterverhältnis in der eigenen Berichterstattung reflektieren.

Vor Ort waren die Eindrücke aber ernüchternd. Die BBC zeigte wenig Interesse an den Gästen aus der Schweiz. Und die Herangehensweise der BCC war weder automatisiert noch datengetrieben. Von künstlicher Intelligenz, die bei der Auswertung hilft, war keine Rede. Die Journalistinnen und Journalisten mussten die Frauen in Artikeln selbst zählen und in Excel-Dateien hinterlegen. Das Projekt wirkte wie eine Fleiss- und Extraarbeit für besonders Engagierte.

Die BBC zählt die Namen von Frauen. Prominente Frauen aber, wie etwa Angela Merkel oder Theresa May, werden nicht mitgezählt. Beispielsweise kann Kamala Harris 100 000 Mal in Artikeln und Berichten vorkommen, dies wird die Genderdiversity-Kennzahl, die bei der BBC gemessen wird, nicht beeinflussen. Dahinter steht die Annahme, dass die Präsenz dieser prominenten Persönlichkeiten von der Redaktion ohnehin nicht beeinflusst werden kann, denn die Newslage gibt diese Personen vor. Die Redaktion kann somit nur mit Expertinnen, die nicht prominent sind, einen höheren Frauenanteil erreichen.

Dieses Herausrechnen einzelner Promis ist kompliziert und verwirrend. Ab wann gilt jemand als prominent? Welche Frau ist bekannt oder unbekannt genug, um im BBC-Score berücksichtigt zu werden? Und wer soll die ausgewertete Zahl dann noch verstehen und daraus Schlüsse für die tägliche Arbeit ziehen? Bei den Gästen aus der Schweiz hinterliess diese Vorgehensweise einen fahlen Nachgeschmack. Wenn Diversity in den Medien so vorangetrieben wird, würden die Redaktionen in der Schweiz kaum zu überzeugen sein. Dass Journalisten und Journalistinnen, die ohnehin unter hohem Zeitdruck stehen, noch Excel-Protokolle über Frauen in ihren Artikeln führen sollen, war unvorstellbar.

Die Konstruktion des Instruments

Die Entscheidung fiel schnell, den Faktor einfach und auf das Wesentliche konzentriert zu konstruieren - und Prominente nicht herauszurechnen. EqualVoice will ein vollständiges Bild und einen Spiegel der Berichterstattung, die ganz selbstverständlich prominente Personen miteinbeziehen. Leserinnen und Leser werden das Geschlechterverhältnis nicht nach Promistatus der zur Sprache kommenden Personen splitten, sondern konsumieren ein Medienprodukt als Ganzes, mit dem Geschlechterverhältnis, das sie eben vorfinden. Und Frauen sollen nicht nur als Expertinnen stärker zu Wort kommen, sondern auch in Führungsrollen in Politik und Gesellschaft.

Die Entscheidung, etwa nur relativ unbekannte Expertinnen und Experten anhand ihres Geschlechts zu erfassen und zu analysieren, würde diesen Aspekt nicht berücksichtigen. Sie verkompliziert zudem die Zählung und ist für Aussenstehende kaum mehr nachvollziehbar. Nicht zuletzt könnte ein vermeintlich ausgewogenes Geschlechterverhältnis als Folge weniger weiblicher Expertinnen mit ansonsten rein männlichen Hauptfiguren als vorbildlich gelten.

Die Messung von EqualVoice orientiert sich am Namen der Personen, die im Text vorkommen. Dadurch ist einfach darstellbar, welches Geschlecht in welchem Artikel vorkommt und wie das Verhältnis zwischen Männern und Frauen aussieht. Mit der Analyse von Namen zu arbeiten, ist relativ leicht umsetzbar. Sie sind meist klar einem Geschlecht zuordenbar. Ausnahmen bilden Namen wie etwa «Andrea», der im Italienischen männlich ist und im Deutschen weiblich. Diese Namen werden von

«Ich pitche»: Jede seriös recherchierte Idee verdient es, in Erwägung gezogen, mit Feedback versehen und respektvoll behandelt zu werden.

Equal Voice heisst auch Equal Pay

Auf dem Weg zurück nach Zürich stach Annabella Bassler auf dem Flughafen Heathrow die Ausgabe einer englischen Zeitung ins Auge: Schlagzeile war die ungleiche Bezahlung von BBC-Moderatorinnen gegenüber ihren männlichen Kollegen. Teils unterschieden sich die Löhne um Zehntausende Pfund, obwohl die Anstellungsdauer beim Sender gleich lang war. Und dies in einem Unternehmen, das am selben Tag von seinem grossen Engagement beim Thema Gleichstellung und Diversität erzählt hatte! Der Skandal erschütterte die Glaubwürdigkeit des öffentlich-rechtlichen Senders und unterminierte das Image seiner Diversity-Initiative.

Die Finanzabteilung von Ringier hatte bereits vor EqualVoice, auch aufgrund gesetzlicher Vorschriften, ein Monitoring der Löhne nach Geschlecht durchgeführt und eine externe Firma evaluieren lassen, ob eine Diskriminierung aufgrund des Geschlechts vorlag. Die beiden unabhängig voneinander getätigten Überprüfungen der Lohnstruktur wurden durch die Persona beratungsfirma Comp-On AG nach dem Fair-ON-Pay-Zertifizierungsstandard durchgeführt und bestätigt. Fair-ON-Pay prüft die Einhaltung der aktuellen gesetzlichen Vorgaben des Bundes zur Lohngleichheit zwischen Frauen und Männern in Unternehmen. Anschliessend wurden die

Untersuchungsergebnisse von der Société générale de surveillance (SGS) auf Glaubwürdigkeit gegengeprüft und mit dem Fair-ON-Pay+-Zertifikat beglaubigt.

Diese Lohndebatte rund um die BBC verdeutlichte, wie sehr die Ansprüche an das Unternehmen durch EqualVoice ansteigen würden. Wenn EqualVoice glaubwürdig vertreten werden sollte, musste die Kultur der ganzen Firma mitberücksichtigt werden, von harten bis weichen Faktoren, vom Lohn bis zur Sitzungskultur. Dieser Wandel geschieht nicht in einem Rutsch oder in einem Jahr, sondern ist ein langfristiger Prozess, der die Kultur aller Bereiche erfasst – inklusive Rückschläge und Hiccups.

der Software je nach Land unterschiedlich einem Geschlecht zugeordnet. Genderneutrale Namen hingegen wie Lou oder Mika werden vom Algorithmus nicht erfasst, da sie keinem Geschlecht zuordenbar sind.

Die Namenslisten der jeweiligen Länder, in denen EqualVoice genutzt wird, bilden die Datengrundlage, die stets erweitert werden kann. Inzwischen können alle Namen in lateinischer Schrift von der EqualVoice-Software analysiert werden. Bei der Implementation von EqualVoice in einem neuen Land wird die Software mit der kompletten Liste der genutzten Namen im jeweiligen Land aktualisiert und stetig ergänzt. Auch hier muss darauf geachtet werden, dass sich keine Bias einschleichen, etwa wenn Namen von Migrantinnen und Migranten auf der Liste nicht ausreichend repräsentiert sind und folglich vom Algorithmus nicht erfasst werden.

Die Entscheidung, Frauen- und Männernamen zu zählen, ist die Entscheidung, Gender als Dimension von Diversität zu messen.

Viele andere Dimensionen wären denkbar, wenn man Diversität in der Berichterstattung erfassen will, auch wenn sie teils sehr komplex sind. Wie kann etwa die Repräsentation von Migrantinnen und Migranten in der Berichterstattung gemessen werden? Wie könnte die regionale Verteilung von Protagonistinnen und Protagonisten erfasst werden? Beispielsweise wie viele Menschen aus Luzern und wie viele aus der Romandie in Artikeln vorkommen? Gerade noch möglich wäre die Messung der Repräsentation von politischen Parteien, wenn man hinter jeden Namen eines Politikers oder einer Politikerin die Partei schriebe.

Divers und Co.: Was ist technisch möglich?

Genderidentitäten sind inzwischen vielfältig geworden. Unternehmen suchen in Stellenausschreibungen Mitarbeitende mit den Geschlechtskategorien «männlich», «weiblich» oder «divers».

Auf Facebook können Nutzerinnen und Nutzer zwischen Dutzenden Kategorien auswählen. Über die binären Normen hinausgehende Genderidentitäten sowie dazugehörige Pronomen sind immer verbreiteter. Hätte EqualVoice auch diese Kategorien messen und integrieren können?

Theoretisch hätte man anhand von Pronomen Personen taggen können, was allerdings einen grösseren Aufwand für jeden Journalisten und jede Journalistin bedeutet hätte. Man muss sich aber fragen, ob ein System des Taggings bzw. der Markierung aller Protagonisten und Protagonistinnen nach ihrer Genderidentität Aufgabe des Journalismus sein kann. Abgesehen davon: Wer aktualisiert diese Markierungen und prüft sie auf Validität? Hier gibt es noch einige offene Fragen, um die EqualVoice in der Zukunft nicht umhinkommen wird.

In der Startphase von EqualVoice 2019 entschied man sich, eine möglichst einfache Form zu wählen, auch weil noch nicht klar war, wie gut der Algorithmus bei den Kategorien «männlich» und «weiblich» funktionieren würde. Zusätzliche Kategorien einzuführen, hätte zu zusätzlichem technischem Aufwand und noch mehr Erklärungsbedarf in den Redaktionen gesorgt und die technische Umsetzung verzögert.

Menschen mit diversen Genderidentitäten und trans Personen wurden aber im EqualFrame-Programm berücksichtigt (dazu mehr auf Seite 84). Alle Redaktionen sind sensibilisiert dafür, deren Geschichten und Erfahrungen diskriminierungsfrei zu behandeln.

Testrunden beim *Blick*

Als der EqualVoice-Algorithmus erstmals Artikel vom *Blick* und den verschiedenen Ressorts auswertete, waren die Ergebnisse eindeutig: Der Frauenanteil war teilweise noch tiefer als erwartet. Im Sport, in der Wirtschaft und Politik, aber auch in der Gesellschaft: Die Zahlen, die das EqualVoice-Tool, damals noch im Testlauf, ausspuckte, waren teils erschreckend tief.

Beim Body-Score wies der *Blick* etwa einen Frauenanteil von nur 17 Prozent und einen Männeranteil von 83 Prozent auf. Beim Teaser-Score betrug der Frauenanteil 2019 etwa 23 Prozent und der Männeranteil 77 Prozent. Aufgeschlüsselt nach Ressorts, waren im Januar 2020 im Sport nur 18,5 Prozent Frauen vertreten, in den News 30 Prozent, im Ressort Auto 20 Prozent und in der Wirtschaft 30 Prozent. Anders sah es im Bereich Lifestyle aus, wo der Frauenanteil bei 66 Prozent lag. Das People-Ressort hingegen war mit 50 Prozent nahezu ausgeglichen.

Was neu war: Die Zahlen konnten nicht wegdiskutiert und nicht weginterpretiert werden. Gefühlt war für manche das Thema Genderrepräsentation kein Problem. Der nackte Faktor von teils unter 20 Prozent Frauenanteil widersprach dem mehr als deutlich. Bei der Vorstellung dieser Daten wurde schnell klar, dass auch die anderen Ringier-Titel analysiert werden sollten. Damals noch ohne den Namen «EqualVoice-Faktor» und ohne begleitende Massnahmen und Tools für die Redaktionen (dazu mehr auf Seite 51).

Nicht nur beim *Blick,* auch bei anderen Titeln waren die Werte teilweise tiefer als erwartet. Etwa bei der *Handelszeitung,* die in manchen Monaten nur 11 Prozent Frauen in ihrer Berichterstattung auszuweisen hatte. Ganze 89 Prozent der Berichterstattung fielen auf Männer, und dies, obwohl etwa der Anteil von Frauen in Schweizer Verwaltungsräten 2022 mit 30 Prozent höher lag als die 11 Prozent Frauenanteil in der *Handelszeitung.*

Auch in Titeln aus völlig anderen Sparten, etwa der Medienmarke Gault-Millau, war der Frauenanteil deutlich geringer und betrug nur etwa 32 Prozent.

Diese Daten und Fakten wurden für die Erarbeitung von neuen Zielwerten genutzt. Im Fall der *Handelszeitung* etwa wäre ein Frauenanteil von 50 Prozent unrealistisch und würde die Realität in der Wirtschaft verzerren. Aber eine Bewegung in Richtung von 25 bis 30 Prozent erschien der Chefredaktion als sinnvoll und erstrebenswert. Und tatsächlich wurde dieses Ziel schon bald, wenn auch mit Schwankungen, in vielen Monaten erreicht und mehr Ausgeglichenheit bei der Genderrepräsentation geschaffen.

Ein KPI unter Livebedingungen des Journalismus

Dass der EqualVoice-Faktor Ringier-intern entwickelt wurde, war im Rückblick ein grosser Vorteil. So entstand er nicht im luftleeren Raum, sondern konnte durch seine Koppelung an redaktionelle Instrumente sofort seine Wirkung entfalten und zudem auf das Datenanalysesystem vom *Blick* aufbauen.

Diversity-KPIs, die von aussen auf ein Unternehmen oder eine Branche angewandt werden, erfordern oft eine nachträgliche

Messbare KPIs sind zentral, um Fortschritte, Stagnation oder Rückschritte aufzuzeigen.

Adaptierung an die bestehenden Verhältnisse im Unternehmen bzw. in der Branche. Das birgt die Gefahr, dass der Schwung der ersten Phase eines solchen Projekts durch technische Hindernisse gehemmt wird und die Frustration bei jenen steigt, die den KPI nutzen sollen.

Der EqualVoice-Faktor ist ein KPI, die sich in Livebedingungen wiederfindet und nicht in einem konditionierten und künstlichen Setting. Das hat seine Überlebensfähigkeit und Skalierbarkeit von Anfang an unterstützt. Ebenfalls entscheidend für den Erfolg war, dass mit einem automatisierten KI-Tool gearbeitet wird. In anderen Initiativen, die Diversität in Medien messen, werden Mitarbeitende wie beschrieben aufgefordert, die Frauen in Publikationen per Hand zu zählen.

Wenn die Datenerhebung an jene ausgelagert wird, die mit den Daten arbeiten, und diese die Zahlen auch noch interpretieren sollen, verringert das automatisch die Zeit, die sie dafür zur Verfügung haben, und fokussiert sie auf die mühsame Arbeit des Zählens und Kategorisierens. Am Ende stehen Daten und Auswertungen zur Verfügung, aber die Aktion und Reflexion, die daraus folgen sollten, fallen unter den Tisch – auch aus Zeitgründen. All diese Arbeit wurde bei EqualVoice automatisiert. Die Redaktionen haben stattdessen Zeit für Debatten über Diversität in der Publizistik.

«Viele sagten: ‹Hey, wir haben doch gar kein Problem.›»

Katia Murmann Amirhosseini ist Co-Founderin von EqualVoice, ehemalige Leiterin Digital der *Blick*-Gruppe, Chefredaktorin von *Blick.ch* und Mitglied der Geschäftsleitung der *Blick*-Gruppe. Seit März 2020 amtet sie als Verwaltungsratspräsidentin von SMD/Swissdox. Sie ist Co-Founderin der Beratungsfirma WolfPak und im Verwaltungsrat von Farner.

2019 startete EqualVoice. Wann haben Sie gemerkt, dass sich an der Sichtbarkeit von Frauen, auch in der Medienbranche selbst, etwas ändern muss?

Ich sass während meiner journalistischen Karriere bei Ringier und anderen Medien in vielen Redaktionssitzungen, und das in unterschiedlichen Rollen. Die Führungspositionen waren eigentlich immer von Männern besetzt. Darum war ich für das Thema Diversität in der Medienbranche sensibilisiert. Auch als ich Chefredaktorin vom *Blick* war, sassen da jeweils 13 Männer und ich. Schon damals tauschte ich mich mit der Führungsebene aus, auch mit Personen aus der Geschäftsleitung von Ringier, und sagte, dass wir etwas daran ändern müssen. Denn so decken wir nicht alle Aspekte ab, auch nicht in unserer Berichterstattung.

Wie reagierte die Führungsebene von Ringier?

Man sagte mir: «Das ist gar kein Thema mehr heute.» Dann lernte ich die Ringier-CFO Annabella Bassler besser kennen. Es kamen ein paar Dinge zusammen. Denn gleichzeitig führten wir beim *Blick* ein Data-Tool ein, mit dem wir wirklich alles messen konnten. Wir führten also neue KPIs im Newsroom ein. Und so entstand in vielen Gesprächen die Idee mit der Messung. Das war der Gamechanger. Denn ab dem Moment, als wir schwarz auf weiss vorzeigen konnten, wie viel Prozent Frauen in unseren Publikationen vorkommen, konnte niemand mehr sagen, es sei kein Problem.

Was waren die technischen Hindernisse, und welche Stolpersteine mussten aus dem Weg geräumt werden?

Wir hatten am Anfang natürlich ganz viele Diskussionen. Wie sollten wir den Faktor aufsetzen? Das Thema begleitet uns bis heute. Im Prinzip kann man ja alles messen. Aber Daten sind nur dann gut, wenn sie wirklich fokussiert sind. Es braucht so wenige wie möglich und so viele wie nötig. Das war der Grund, warum wir beschlossen, den Faktor ganz einfach zu halten. Wir wollten nur zählen: Wie viel Prozent Sichtbarkeit erhalten Frauen? Wie viel Prozent erhalten Männer? Den Rest überliessen wir den Redaktionen zur Debatte. Es war ja immer klar: Die Daten sind nur die Grundlage, auf der man Entscheidungen treffen kann. Aber die Entscheidungen trifft immer der Journalist, die Redaktorin, die Chefredaktion. Es ist so wichtig, dass die Mitarbeitenden nicht denken: Aha, jetzt kommt ein Equal-Voice-Faktor, und der bestimmt, was ich schreiben soll. Nein, die Daten sind da, man sieht sie, aber man muss sie in der Redaktion interpretieren. Und anders als etwa bei der BBC, wo die Redaktionen die Artikel manuell auszählen und dadurch viel Zeit verlieren, messen wir automatisch. Das ist das Schöne. So haben die Journalistinnen und Journalisten mehr Zeit, um über Titel, Bilder und so weiter zu diskutieren.

Wie waren die Reaktionen der Journalistinnen und Journalisten?

Sehr gemischt. Die einen sagten: «Wow, das ist ja fantastisch! Endlich passiert was bei dem Thema, endlich nehmt ihr das ernst!» Aber es gab natürlich auch Leute, die sehr skeptisch waren und meinten: «Nein, auch das noch.» Eben nach dem Motto «Hey, wir haben doch gar kein Problem». Was wir sehr stark spürten, gerade auch bei den Chefredaktoren und -redaktorinnen, war eine gewisse Skepsis: «Wird uns jetzt vorgeschrieben, was wir schreiben sollen?» Auch die Angst vor dem Verlust der journalistischen Unabhängigkeit, die ja wahnsinnig wichtig ist, war gross. «Ist das eine PR-Kampagne? Worum geht es hier?» Das nahmen wir sehr ernst, denn es ging an

die Fundamente des Journalismus. Es war aber von Anfang an klar, dass es keine Kampagne sein sollte. Vielmehr zeigten die Zahlen, dass wir nicht ausgewogen berichteten bzw. dass Frauen wirklich dramatisch unterrepräsentiert waren. Also erklärten wir, dass jede Redaktion für sich selber entscheiden kann, was sie ändern und welche Ziele sie sich setzen möchte. Denn dass etwas geändert werden musste, darüber waren sich eigentlich schon die meisten einig. Aber die grösste Herausforderung war tatsächlich, die Angst vor einer Kampagne – also die Idee, dass es eine sein könnte – aus den Köpfen der Leute zu bringen.

Es gab ja auch die Angst, dass das Publikum abgeschreckt wird.

Absolut. Beim *Blick* merkten wir aber, dass wir, je mehr wir über Frauen schreiben, desto mehr von Frauen gelesen werden. Das Tolle ist ja, dass wir das alles messen können. Wenn du Frauen prominent im Titel oder im Bild oder eben im ganzen Artikel hast, ist der Anteil Leserinnen deutlich höher. Das finde ich sehr wichtig, weil der *Blick* ein Medium ist, das in der Mitte der Gesellschaft steht. Wir hatten beim *Blick* sogar eine Zeit, in der das Geschlechterverhältnis auf 50:50 hochging. Jetzt ist der Faktor aber wieder gesunken. Das sieht man bei vielen Publikationen. Es ist interessant,

denn es zeigt, dass sich die Frauen bei harten Themen wie dem Ukrainekrieg offenbar eher wieder zurückziehen. Es ist spannend, das zu reflektieren. Hanza Media zum Beispiel, der grösste Verlag Kroatiens, der EqualVoice ebenfalls nutzt, hat das Gleiche festgestellt. Aber dank des EqualVoice-Faktors wissen wir es immerhin und können etwas dagegen unternehmen.

Früher war der Ton in den Newsrooms deutlich härter, rücksichtsloser. Hat EqualVoice etwas daran geändert?

EqualVoice hat wahnsinnig geholfen. Ich erlebte, damals noch im Print, Diskussionen über Titel, in denen gesagt wurde: «Nimm die Frau, die schaut gut aus, die ist blond.» Also wirklich Kommentare, die wir heute als sexistisch bezeichnen würden. Ab dem Moment, als wir EqualVoice als Tool etablierten, hatten die Leute in den Redaktionen etwas, womit sie diese Form von Sexismus benennen konnten. Sie konnten fragen: «Ist das, was du da gerade machst, wirklich EqualVoice?» Und es war interessant, weil die Gruppe derer, die den Spruch nutzten, immer grösser wurde. Das hat den Leuten den Spiegel vorgehalten und nachhaltig etwas verändert.

Braucht es EqualVoice in 15 Jahren noch?

Ich hoffe, dass EqualVoice in zehn, fünfzehn Jahren eine globale Bewegung geworden ist, die weltweit in Medien misst, wie sichtbar Frauen sind. Denn es gibt tatsächlich Länder, in denen der Frauenanteil nicht mal beim weltweiten Durchschnitt, sondern wahrscheinlich bei 4 oder 5 Prozent liegt. Ich bin aber zuversichtlich, dass wir dann in Europa und in den USA auf einem anderen Niveau sein werden als heute. Ich sehe EqualVoice nicht als zentral gesteuerte Initiative, sondern als Plattform, der sich Partnerinnen und Partner anschliessen, die bei sich selber Ziele setzen und sich verpflichten. So, wie das auch bei EqualVoice United der Fall ist (dazu mehr auf Seite 135). Ich hoffe wirklich, dass uns das gelingt. Was wir hier in der Schweiz ins Rollen gebracht haben, soll weltweit Resonanz finden, und die Unternehmen sollen das Thema Diversität bei sich vorantreiben.

Integration, Kritik und Krise

Die Skepsis gegenüber einem KI-Tool für die journalistische Arbeit begleitet EqualVoice von Anfang an. Und dann brachte die Corona-Pandemie das Projekt ins Wanken.

Integration in redaktionelle Abläufe

Nach den geglückten Testrunden bestand die grosse Herausforderung darin, den EqualVoice-Faktor in die tägliche Arbeit der Redaktionen zu integrieren. Die Betonung liegt hier auf «täglich». Diversity-Initiativen beschränken sich teilweise darauf, Mitarbeitende in Schulungen und Fortbildungen, die maximal zwei- bis dreimal im Jahr stattfinden, zu sensibilisieren. In diesen Kursen wird auf theoretischer Ebene und mit Übungseinheiten versucht, auf Diversität im redaktionellen oder journalistischen Kontext einzugehen. Die Teilnehmendenzahl dieser Workshops mag noch so hoch sein: Nach dem Kurs wechseln die Journalistinnen und Journalisten meist wieder in ihre etablierte redaktionelle Routine.

Der EqualVoice-Faktor hingegen sollte zu einem Instrument der täglichen Arbeit werden. Das Problem: In vielen Redaktionen ist die regelmässige Beschäftigung mit Daten noch ausbaufähig, und dies aus vielerlei Gründen: Entweder sind die Daten nicht für jeden und jede transparent, oder es gibt Schwierigkeiten bei der Auswertung, oder die Dashboards werden zu wenig genutzt.

Dabei messen Redaktionen schon lange präzise, welche ihrer Inhalte auf welchen Kanälen wie performen. Zu diesen etablierten Analyseinstrumenten, die etwa mit Plattformen wie Parse.ly in den Redaktionen genutzt werden, kam nun der EqualVoice-Faktor als Kennwert dazu. Jede Redaktion ist damit in der Lage zu sehen, wie sich in ihrer Berichterstattung Genderdiversität abbildet – in Form einer Kurve, die seit Anfang des Projekts mal steigt, mal fällt, sich mal auf hohem Niveau stabilisiert und mal von Newswellen wieder nach unten gedrückt wird (etwa während einer Männer-Fussball-WM).

Jede Integration eines neuen Instruments in die redaktionelle Routine braucht Zeit und sorgt für Debatten. Als Redaktionen damit begannen, ihre Visits auf Artikel zu zählen, war die Rede von einer gefährlichen Besessenheit von Klicks und einer Klickhörigkeit der Redaktion. In frühen Jahren der Nutzung dieser Instrumente waren die Rankings der meistgelesenen Artikel in einer Redaktion, die beispielsweise am Morgen in die Runde geschickt wurden, der wichtigste Erfolgsfaktor.

Heute werden diese redaktionellen KPIs viel differenzierter und zielgerichteter genutzt und analysiert. Wenn es zur Markenstrategie eines Produkts gehört, ein möglichst loyales Lesepublikum zu generieren, das sich über Abo-Einnahmen finanziert, werden die Abo-Konversion und die Verweildauer der Abonnenten und Abonnentinnen bei einem Artikel die entscheidenden Kennzahlen sein. Wenn ein Produkt mit Reichweitenstrategie und entsprechenden Kommerzialisierungspotenzialen arbeitet, gelten andere Kennwerte und Faktoren.

Mit dem EqualVoice-Faktor kam also eine neue Kennzahl hinzu. Und wie bei allen bisherigen KPIs, die genutzt werden, geht es auch hier ganz entscheidend darum, wie sie den Redaktionen kommuniziert wird. Der reine Blick auf Klickzahlen ist genauso wenig zielführend wie der alleinige Fokus auf den EqualVoice-Faktor ohne Einbindung in eine qualitative und strategische Debatte der Redaktion.

Es wäre etwa absurd, wenn für alle Titel das Ziel eines 50:50-Genderverhältnisses angestrebt würde. Bei der Bandbreite an Angeboten, die allein in der Ringier-Gruppe vorhanden sind, würde das zu einer bizarren und unjournalistischen Verzerrung führen. Der EqualVoice-Faktor ist nur dann sinnvoll, wenn seine Zielwerte und die Analyse seiner Entwicklung von jeder Redaktion individuell beobachtet werden.

Diese Diskussion beginnt mit den Zahlen und Fakten, also mit dem gemessenen Geschlechterverhältnis, das die Realität in der Berichterstattung ausdrückt. Diese Spiegelung bringt die Debatte in den Redaktionen automatisch auf ein neues Level. Es wird nicht mehr angenommen oder vermutet, dass die Genderrepräsentation ausreichend oder nicht ausreichend ist. Es gibt eine Zahl, die nicht wegzudiskutieren und Ausgangspunkt für die weitere Debatte ist.

Und diese Debatte wird hitzig und intensiv geführt, emotional und umfassend. EqualVoice wirkt oft wie ein Beschleuniger für Diskussionen. Die Kritik konzentriert sich dabei meist auf folgende Argumente.

Der EqualVoice-Faktor ist nur sinnvoll in Kombination mit einer Strategie.

«Ich schreibe»: Wie kann ich die Realität so beschreiben, wie sie ist,
ohne Klischees und Stereotype zu verwenden?

Das erste EqualVoice-Dashboard

Die ersten Auswertungen erfolgten in simplen Überblickscharts.

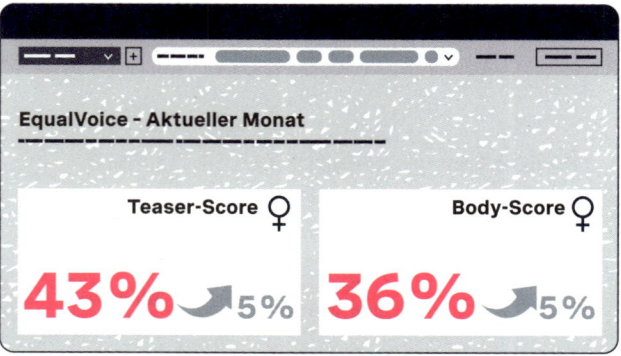

Kritik an EqualVoice

«Der Gender Visibility Gap zeigt die Realität.» Eine häufige Kritik handelt davon, dass die Repräsentation von Frauen in Medien so sei, wie sie sei, weil sie die Realität abbilde. Wenn Frauen nun mal nicht die führenden Rollen in der Gesellschaft übernähmen, werde automatisch weniger über sie berichtet - und das sei nicht nur unproblematisch, sondern entspreche auch dem journalistischen Gebot, das abzubilden, was ist.

«Es gibt keine Daten zum Gender Visibility Gap.» Ein anderes Argument oder, besser, eine Problembeschreibung, lautet, dass man schlicht nicht wisse, ob Frauen ausreichend repräsentiert werden. Gefühlt oder in der Selbstwahrnehmung von Redaktionen mag das vielleicht so sein. Und wer soll das Gegenteil behaupten oder beweisen, wenn es keine Daten gibt? Manche Medienmarken publizieren täglich Hunderte Artikel. Wer will da eine solche allgemeingültige Aussage treffen?

«Der Gender Visibility Gap ist nicht beeinflussbar.» Es kann auch durchaus sein, dass Redaktionen zwar bemerken, dass ihre Repräsentation von Frauen nicht ausreichend ist, ihnen aber nicht klar ist, wie sie etwas daran ändern können. In diesen Fällen heisst es dann schnell, es mögen doch bitte keine inkompetenten Frauen kompetenten Männern den Platz wegnehmen, nur um den Faktor nach oben zu treiben. Die Instrumente zur Erhöhung der Repräsentation gelten als untauglich, verzerrend oder klingen nach Quotenvorgaben.

«Der Gender Visibility Gap ist egal, ausserdem sind die Frauen selbst daran schuld.» Das vierte und letzte Argument ist dann oftmals: Frauen würden vermutlich tatsächlich nicht ausreichend repräsentiert, aber ändern könne und wolle man das nicht. Zudem seien die Frauen selbst daran schuld, weil sie beispielsweise weniger bereit seien, Interviews zu geben, und sich eben nicht genügend in den Vordergrund stellten. Kein ernst zu nehmendes Medium wird deklarieren, dass es bewusst Frauen unterrepräsentiert. Aber dass die Bereitschaft, jahrzehntelang etablierte Routinen zu verändern, schwierig ist, ist gleichfalls bekannt. Zudem wird das Bemühen, diese zu ändern, als eine Zusatzaufgabe gesehen, die entweder vernachlässigbar ist oder schlicht nicht in den ohnehin überlasteten Arbeitsalltag passt.

Gegenargumente

Annahmen über die eigene publizistische Praxis können überdacht werden. Die Mutmassung, dass die Genderrepräsentation die Realität abbilde, kann mithilfe von EqualVoice angefochten werden. So hat etwa die *Handelszeitung* in den frühen Jahren von EqualVoice durchaus angenommen, dass der Anteil Frauen in der Berichterstattung die Realität abbilde. Nur: Die steigende Zahl von Frauen in Verwaltungsräten widersprach dieser These. Die Werte der *Handelszeitung* lagen deutlich unter dem tatsächlichen Anteil von etwa 30 Prozent. Die Diskussion wurde durch die Daten von EqualVoice rationalisiert und faktenbasierter. Gefühlte Wahrheiten werden somit durch die Zahlen eines Datentools abgelöst, und diese sind der Startpunkt für die Debatte über die Repräsentation von Frauen in den Medien.

Der EqualVoice-Faktor beendet das Nichtwissen über die Repräsentation von Frauen. Auch das Argument, dass man schlicht nicht wisse, wie und ob Frauen ausreichend repräsentiert werden, wird durch den EqualVoice-Faktor entkräftet. Er gibt täglich die Antwort auf diese Frage und liefert Daten und Fakten, die Ausgangspunkt für die Diskussion in den Redaktionen ist. Das hat einen weiteren wichtigen Effekt: Er beendet auch die Blindheit, wenn Frauen aus der Berichterstattung verschwinden – ein Prozess, der in vielen Medien, die den EqualVoice-Faktor oder andere Instrumente nicht nutzen, still und leise passiert, ohne dass irgendein KPI darauf hinweist. Dieses stille Verschwinden von Frauen aus den Medien wird durch den EqualVoice-Faktor sichtbar – und veränderbar.

Dass man an der Repräsentation von Frauen nichts ändern kann, ist durch die redaktionelle Praxis in Ringier- und anderen Redaktionen widerlegt. Im nächsten Kapitel wird auf die verschiedenen Instrumente und Methoden eingegangen, die dafür genutzt werden können. Der Wandel ist zwar oftmals nicht so nachhaltig, wie man ihn sich wünschen würde, aber die Bewegung und die Veränderung in der Repräsentation zahlengestützt nachzuvollziehen, ist ein ganz entscheidender, neuer Effekt, der durch die Datenauswertung möglich ist.

Sich der Auseinandersetzung mit Diversität zu verweigern, ist eine Entscheidung, die über 50 Prozent der potenziellen Rezipientinnen und Rezipienten eines Produkts von vornherein deklassiert. Die Repräsentation immerhin der Mehrheit der Bevölkerung wird als zweitrangig angesehen. EqualVoice unterstützt die Notwendigkeit, über jahrzehntelange Routinen nachzudenken, und dies auf eine Art, die nicht verurteilt, sondern mit einer positiven Grundhaltung Veränderungen fördert und ermöglicht. Und EqualVoice ändert das Blaming von Frauen wegen zu geringer Sichtbarkeit hin zu einer Reflexion, warum gewisse Verhaltensmuster (z. B. längere Antwortzeiten von Expertinnen, siehe dazu Seite 53) vorhanden sind.

Transparenz für alle

Das neue EqualVoice-Dashboard
für alle Ringier-Titel.

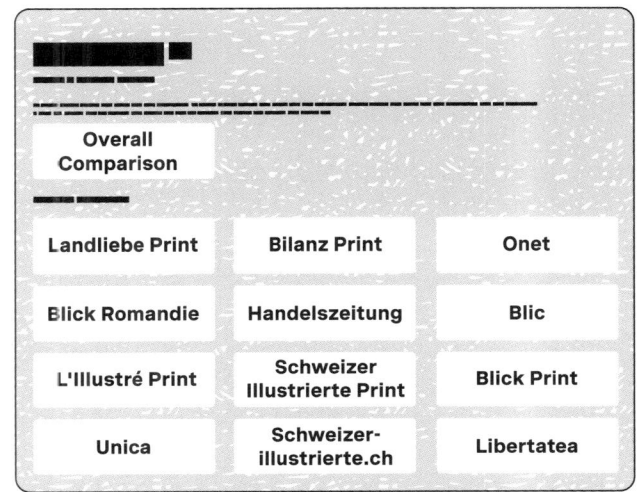

Arbeiten in der Pandemie: Wer braucht Equal-Voice noch?

In eine Krisensituation geriet EqualVoice während der Covid-19-Pandemie. Und dabei war das Projekt zu dem Zeitpunkt noch kaum lanciert. Schlagartig wurden alle redaktionellen Prozesse in das Homeoffice verlegt, die Produktion journalistischer Arbeit fand nun zwischen heimischem Kühlschrank und Kaffeemaschine statt und nicht mehr im Pressehaus in Zürich oder im Medienpark in Zürich Altstetten, wo die Magazine von Ringier und Axel Springer angesiedelt sind.

Im Rückblick betrachtet, markierten der Einbruch der Covid-19-Pandemie und die Unterbrechung aller redaktionellen Routinen bzw. deren Virtualisierung einen der Momente, der die Equal-Voice-Initiative hätte kollabieren lassen können. Neben der allgemeinen Verunsicherung aller Mitarbeitenden und der ganzen Gesellschaft stellte sich nämlich die Frage, wie das Thema Equal-Voice und Diversität im Journalismus priorisiert werden würde. Die Darstellung von Frauen in den Medien schien wieder einmal zu einem vernachlässigbaren Thema zu werden. Wer wollte bei Horrormeldungen aus Krankenhäusern, Angst vor Lockdowns und Panik vor wirtschaftlichen Einbussen, auch in der Medienbranche, EqualVoice vorantreiben?

In dieser allgemeinen, starken Unsicherheit half die Konstruktion des EqualVoice-Instruments, das mit künstlicher Intelligenz, datengetrieben und in der Analyse automatisch abläuft. Hätte man auf die händische Auszählung oder ein rein analoges Debattenformat im Sitzungssaal des Pressehauses gesetzt, wäre die Resilienz des Projekts weitaus geringer gewesen, und es wäre vielleicht in den langen Monaten des ausschliesslichen Homeoffice auf der Strecke geblieben.

Der digitale, datengetriebene und automatisierte Ansatz von EqualVoice war somit ein entscheidender Faktor, um die Pandemie zu überstehen. Die Redaktionssitzungen zu den aktuellen EqualVoice-Werten wurden selbstverständlich digital durchgeführt, die Sitzungen der EqualVoice-Arbeitsgruppen ebenfalls ins Netz verlegt und die Debatten über Diversität mit «EqualVoice Virtual Coffee Breaks» und informellen Onlinerunden zum Thema weitergeführt.

Auch die Projektgruppen von EqualVoice verlagerten ihre Arbeit komplett ins Netz. Die Expertinnenliste beispielsweise, ein Rechercheinstrument mit Hunderten von Schweizer Expertinnen, das heute in allen Ringier-Redaktionen genutzt wird, entstand als eines der ersten Teilprojekte von EqualVoice «remote only».

Heute profitiert EqualVoice davon, dass es virtuell ausrollbar und skalierbar ist. Mit der Einführung des Tools in den verschiedenen Tochtergesellschaften in Osteuropa konnte die Kombination aus virtuellen und analogen Dialogformaten noch ausgebaut werden.

Warum überstand EqualVoice die Zeit der Pandemie?

EqualVoice entsprach dem gesellschaftlichen Trend. Die Covid-19-Pandemie hat die Reflexion der Arbeitnehmenden über Sinn und Zweck der eigenen Arbeit noch mal verstärkt. Für viele ist die ernsthafte Auseinandersetzung mit Diversitätsfragen (und ernsthaft heisst auch zahlengetrieben) kein Nice-to-have mehr, sondern ein Pflichtfaktor bei der Entscheidung für die Wahl eines Arbeitgebers. EqualVoice war in dieser Phase der vielen Sinnfragen, die sich bis in die heutige Zeit zieht, eine seriöse und ernst gemeinte Antwort. Gleichzeitig bringen junge Mitarbeitende neue Diversitätsanforderungen und Kriterien ein, sodass EqualVoice mit seiner Fokussierung auf Frauen beinahe schon überholt wirkt.

EqualVoice ist virtuell und remote skalierbar. EqualVoice ist datengetrieben und arbeitet mit künstlicher Intelligenz. Die Auswertung und Analyse konnte daher problemlos in die virtuelle Arbeitswelt übertragen werden und war im Kern bereits vor Corona virtuell. Diesbezüglich war das Projekt seiner Zeit voraus und konnte stark davon profitieren, dass

> «EqualVoice hat eine der umfassendsten
> Plattformen geschaffen, die es gibt,
> um Geschlechterungleichheit in den Medien
> zu verstehen und zu bekämpfen.»
>
> Brittany Kaiser, Datenschutzaktivistin

neue Tools ganz selbstverständlich von allen Mitarbeitenden schnell erlernt und eingesetzt wurden. Die EqualVoice-Analyse war eine davon. Und mit dem Schnellkurs, was Slack, Zoom und so weiter angeht, stiegen auch das Verständnis und die Bereitschaft für EqualVoice als Instrument, da die digitale und Datenkompetenz der gesamten Belegschaft wie auch der ganzen Welt schlagartig auf ein neues Level gehoben wurde – natürlich nicht ganz freiwillig, sondern unter dem Druck der Pandemie.

EqualVoice ist zahlengetrieben und in einer aufgeheizten Debatte nüchtern. Die Pandemie brachte ein enormes Mass an Verunsicherung mit sich. EqualVoice präsentierte sich als nüchterner Spiegel der Realität. Diese datengetriebene Nüchternheit passte mit ihrer Klarheit und Schnörkellosigkeit in eine Zeit, in der nach wissenschaftlich-nüchternen Antworten auf Probleme gesucht wurde.

Die EqualVoice-Toolbox

Die Einführung des EqualVoice-Faktors geht mit einem Bündel an unterstützenden Massnahmen und Werkzeugen einher. Diese helfen Newsrooms, mit Schwankungen beim Gender Visibility Gap umzugehen.

Instrumente für den redaktionellen Alltag

Um EqualVoice zu nutzen, wird zunächst das EqualVoice-Messsystem implementiert, und die EqualVoice-Werte werden in die Dashboards der Redaktionen integriert. Auf Grundlage dieser Zahlen erfolgt die publizistische Diskussion über die Repräsentation von Frauen in einem Medium. Um die Journalistinnen und Journalisten dabei zu unterstützen, stehen mehrere ergänzende Instrumente zur Verfügung: die Expertinnenliste, die Blattkritik, redaktionsübergreifende Meetings, Coachings und der Search Guide.

Diese Instrumente sind für jede Redaktion, die sich mit dem Gender Visibility Gap beschäftigt, nützlich und können auch unabhängig von der EqualVoice-Software eingesetzt werden. Sie sind aus den Redaktionen und direkten Erfahrungen der Journalistinnen und Journalisten im Umgang mit dem Gender Visibility Gap heraus entwickelt worden. Diese Partizipation von innen ist der vielversprechendste Ansatz, um eine nachhaltige Änderung zu erwirken. Und: Es kann unmittelbar analysiert werden, ob und wie die Tools genutzt und welche weiteren Tools nachgefragt werden.

EqualVoice sollte immer als ein integraler Prozess gesehen werden, der über die Zahlen des EqualVoice-Faktors hinausgeht, gerade weil die Ansprüche der einzelnen Redaktionen verschieden sind und die Medienmärkte, in denen Marken erscheinen, unterschiedliche Voraussetzungen im Umgang mit dem Gender Visibility Gap haben.

Expertinnenliste

Statements von Expertinnen und Experten bilden einen wichtigen Teil journalistischer Arbeit. Diese Fachleute ordnen ein, geben ihre Einschätzungen ab und bieten dem Publikum Orientierung. Mehr Expertinnen zu gewinnen, gehört daher zu einem wichtigen Ziel, um den Gender Visibility Gap zu reduzieren oder zu schliessen. Immer wieder kommt in den Redaktionen aber das Argument auf, dass es in gewissen Bereichen gar keine oder zu wenige Expertinnen gebe und man deshalb den Faktor über diesen Hebel gar nicht beeinflussen könne.

Die Einrichtung einer elektronischen Expertinnenliste, die für alle Redaktionen abrufbar ist, hat sich als wichtiges Instrument erwiesen, um dieses Problem anzugehen. Heute nutzen alle Redaktionen von Ringier eine Expertinnenliste mit Hunderten von Frauen, die mit ihrem Fachgebiet und ihren Kontaktdaten dort verzeichnet sind.

Die Liste ist nach Themenschwerpunkten durchsuchbar und liefert schnell die passende Stimme zu fast jedem Thema. Sie wird je nach Newslage durch Expertinnen aus bestimmten Bereichen ergänzt, so etwa bei Beginn des Ukrainekriegs durch Expertinnen zu den Themen Sicherheitspolitik, Diplomatie und Militär. Vor allem für Neueinsteiger und Neueinsteigerinnen in den Redaktionen, die noch nicht über ein grosses Kontaktnetz verfügen, hat sich die Expertinnenliste als ein wichtiges Rechercheinstrument erwiesen. Auch in anderen Ländern sind Newsrooms, die EqualVoice einführen, dabei, Expertinnenlisten zu erarbeiten.

Wichtig: Alle Expertinnen werden vorab angefragt und auf ihre Bereitschaft überprüft, auf Interviewanfragen von Medien in angemessener Zeit zu reagieren und ihre Expertise mit der Öffentlichkeit zu teilen.

Blattkritik

Blattkritiken gehören zu den häufig genutzten Instrumenten publizistischer Selbstreflexion. Entweder durch Kolleginnen und Kollegen in der Redaktion oder durch externe Gäste wird ein kritischer Blick auf das Produkt und verschiedene Texte geworfen.

Der Blattkritiker, die Blattkritikerin ist in einer privilegierten Rolle und kann den Produzentinnen und Produzenten von Medieninhalten direktes Feedback von Angesicht zu Angesicht oder von Bildschirm zu Bildschirm übermitteln. Die Einführung von dedizierten EqualVoice-Blattkritiken ist ein wichtiges Instrument, um die publizistische Debatte zum Thema Diversität zu fördern.

Den Aspekt der Darstellung von Frauen und anderen gesellschaftlichen Gruppen in einer Blattkritik zu thematisieren, fordert beide Seiten, Kritikerin bzw. Kritiker und Redaktion, und bringt überraschende Perspektiven und Erkenntnisse. Es kann dabei um die Darstellung von Frauen auf Bildern, um die Inszenierung von Bildern, um Fotostrecken, Interviewfragen, Bildunterschriften oder Videoschnitte gehen.

Tools im Umgang mit dem Gender Visibility Gap

Diese Instrumente helfen, um die Sichtbarkeit von Frauen zu fördern.

Expertinnenliste

Eine Liste renommierter Expertinnen in verschiedenen Disziplinen

Ein Tool für Journalistinnen und Journalisten, um Expertinnen für Artikel und Interviews effizienter zu finden

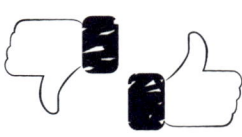

Blattkritik

Eine individuelle Analyse der Publikationen, um einen Gesamteindruck von Inhalt und Präsentation zu erhalten

Tool zur Identifizierung von Best Practices und Lessons Learned sowie bei der Definition neuer Ziele und Massnahmen

GEB-Meetings

Halbjährlicher Austausch mit der Geschäftsleitung

Gelegenheit für Feedback und ein Update zur aktuellen Situation

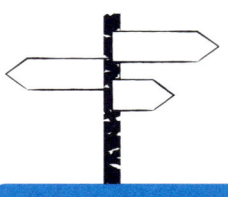

Coachings

Individuelle Coachingsitzungen sowie Gruppencoachings (z. B. Media Lab)

Für allgemeine Schulungen zu EqualVoice und themenspezifische Workshops

Search Guide

DE&I Visual Storytelling Toolkits und Suchleitfäden von Getty Images

Hilfsmittel für den Einsatz diverserer Bildmaterialien

Publizistische Selbstreflexion bringt überraschende Perspektiven und Erkenntnisse.

Warum Expertinnen langsamer reagieren

Im Austausch mit Redaktionen und Expertinnen kam ein Thema immer wieder zur Sprache: Expertinnen bräuchten länger, um auf Medienanfragen zu reagieren, und dadurch ergäbe sich für Redaktionen eine Zeitverzögerung, die bei einer dringlichen Newslage nicht akzeptabel sei. Zudem komme es des Öfteren zu Rückfragen über den Kontext und das Setting, in dem die Antworten verwendet würden. Auch Rückfragen zur Verwendung von Bildern und der Wunsch nach einer vorgängigen Freigabe dieser Bilder seien häufig. Was liegt dieser Beobachtung zugrunde?

Im EqualVoice-Workshop Fit4Media, der Expertinnen auf die Herausforderungen im Umgang mit der Öffentlichkeit vorbereitet, wurde dieses Thema angesprochen. Die Antworten der Expertinnen: Angriffe auf Social Media und in Kommentarspalten führten zu dieser Zurückhaltung. Oft würde in Kommentaren zudem auf Äusserlichkeiten fokussiert, die nichts mit dem Inhalt des Gesagten zu tun haben. Diese Beobachtungen, bei sich selber oder bei Kolleginnen, haben bei einigen Expertinnen eine Reserviertheit und ein erhöhtes Bedürfnis nach Kontextinformationen bei einer Interviewanfrage gefördert.

Dadurch entsteht eine schwierige Dynamik: Expertinnen reagieren zurückhaltender und mit mehr Rückfragen auf Interviewanfragen, Redaktionen sind davon irritiert und fragen künftig wieder vermehrt männliche Experten an, bei denen diese Rückfragen offenbar seltener sind.

Expertinnen deshalb einfach nicht mehr anzufragen, ist keine Lösung. Daher sollten sich Redaktionen, die den Gender Visibility Gap reduzieren wollen, Zeit nehmen, Fragen zum Kontext zu beantworten. Wenn Expertinnen zu Wort kommen, sollte ausserdem die Moderation von Kommentaren unter den Artikeln, aber auch auf Social Media sexistische und abwertende Kommentare konsequent filtern (im Übrigen genauso bei Männern). Gewisse Reaktionen des Publikums, wie die Reduzierung auf Äusserlichkeiten oder sexistische Abwertungen, betreffen aber vor allem Frauen. Redaktionen haben eine Verantwortung, das nicht zu ignorieren, sondern darauf zu reagieren. Es gibt keine Begründung, dass sich Expertinnen eher Kommentare zu ihrem Äusseren anhören müssen als Experten. Es geht hierbei nicht um eine Sonderbehandlung, sondern um ein anderes Reaktionsmuster des Publikums, dem sich Frauen aussetzen, wenn sie Interviews geben – und das dazu führt, dass sie ihre Sprecherinnenrollen wieder verlassen.

In einer EqualVoice-Blattkritik merkte eine Kritikerin beispielsweise an, dass es sie störe, wenn sie auf einer Meinungs- und Kommentarseite nur Meinungen von Männern lese. Sie fühle sich davon als Rezipientin nicht angesprochen und wünsche sich, dass Frauen genauso häufig kommentieren wie Männer (siehe dazu auch Seite 81).

Eine ganze Blattkritik diesem Diversitätsthema zu widmen und sie nicht nur als ein kleiner Teil einer grösseren Blattkritik durchzuführen, ist lohnend. Immer wieder werden bei diesen Blattkritiken auch Interviewfragen hinterfragt. Warum etwa wird die Politikerin auf ihr Aussehen angesprochen und der Politiker nicht? Warum wird die Managerin danach gefragt, wie sie Familie und Beruf vereint, und der Manager nicht?

«EqualVoice ist eine hervorragende journalistische Chance.»

Michael Ringier

«Wann hören wir eigentlich auf zu zählen?»

In EqualVoice-Redaktionsworkshops werden nicht nur Erfolge besprochen, sondern es kommen auch Verbesserungswünsche und negative Aspekte zur Sprache, etwa Probleme bei der Implementation oder Kritik am Faktor selbst. Bei einem Workshop zum Dreijahrjubiläum der Initiative Ende 2022 in Zürich sprachen Redaktoren und Redaktorinnen eine gewisse EqualVoice-Müdigkeit an: «Wann hören wir eigentlich auf zu zählen?»

Manche Mitarbeitenden wünschten sich eine mehr inhaltlich und weniger zahlengetriebene Debatte. Das heisst, sie möchten weniger über den EqualVoice-Faktor diskutieren, dafür mehr über qualitative Fragen. Darin drückt sich eine Skepsis darüber aus, dass Journalismus mit Zahlen analysiert und die Qualität eines journalistischen Produkts, etwa in der Dimension Diversität, über Zahlen festgestellt werden kann. Ein Argument lautet, dass mehr Berichte über Frauen nicht per se ein Zeichen für mehr Diversität sind, sondern dass diese primär inhaltlich analysiert werden müssen. Dabei könnte sich herausstellen, dass Frauen zum Beispiel gar nicht in Expertinnenrollen auftreten, sondern als Protagonistinnen in der Berichterstattung über eine TV-Reality-Show, in der zwar viele Frauen auftreten, aber kritikwürdige Rollenmodelle propagiert werden.

Tatsächlich: Diversität als publizistische Dimension zu begreifen, ist für viele neu. Teils erinnern die Diskussionen darüber an die Anfangszeiten der Datenanalysen in Newsrooms im Zuge der Digitalisierung. Die Klickraten und Konversionseffekte eines Artikels zu analysieren, führte auch damals zur Debatte, ob damit vom Journalismus selbst abgelenkt und eine Analyseebene eingezogen würde, die mit dem Kern des Journalismus nichts mehr zu tun hat.

Nur weil ein Artikel viele Klicks generiert, muss er nicht qualitätsvoll sein. Und nur weil der EqualVoice-Faktor eines Artikels gut aussieht, muss er nicht qualitätsvoll sein. Beides ist richtig, aber genauso, wie es heute undenkbar wäre, die Performance von Artikeln nicht mehr zu analysieren, weil man dadurch ein wichtiges Puzzleteil in der Analyse eines Artikels verliert, wäre auch der Stopp der EqualVoice-Auszählung der Verzicht auf so ein Puzzleteil der Analyse. Am Ende würde man schlicht weniger wissen und verstehen.

EqualVoice ist als Langzeitprojekt gedacht, das in redaktionelle und publizistische Abläufe integriert werden soll. Genauso, wie man nicht aufhören wird, Abo-Konversionen zu analysieren, wird man bestenfalls nie aufhören, einen analytischen Blick auf die EqualVoice-Daten zu werfen.

Redaktionsübergreifende Meetings

Die redaktionsübergreifenden Meetings und Präsentationen gehören zu den spannendsten Plattformen, die durch EqualVoice entstanden sind. Dort werden publizistische Praxisbeispiele besprochen und die Entwicklung des EqualVoice-Faktors mit Führungskräften aus allen Bereichen des Unternehmens analysiert.

Dieses Reporting der Zahlen unterstreicht die Bedeutung des Themas für das Gesamtunternehmen und bietet eine Bühne für Sichtbarkeit und Austausch der EqualVoice-Arbeitsgruppen. Die Absicht dahinter ist, dass Ideen und Best-Practice-Beispiele schneller im Unternehmen zirkulieren können und sich redaktionsübergreifend Verbindungen ergeben, um den Gender Visibility Gap zu besprechen.

EqualVoice fungiert damit auch als Brücke zwischen Ebenen im Unternehmen, die normalerweise nicht ständig gekoppelt sind. In diesen Workshops kommen Mitarbeitende der unterschiedlichsten Ebenen auf eine Art und Weise miteinander in Kontakt, wie sie es sonst nur selten tun. Wenn Lektorinnen eines Magazins mit dem Leiter der Journalismusschule, der Finanzchefin oder der Chefredaktorin der Unternehmenskommunikation ins Gespräch kommen, ist das ein Aufbrechen von Silos, die oft undurchdringbar erscheinen.

Wichtig: Bei diesen Meetings kommen die Vertreterinnen und Vertreter aus den Redaktionen zu Wort. Es handelt sich nicht um eine Top-down-Veranstaltung, sondern um einen lebendigen und interaktiven Praxisworkshop, bei dem ein gemeinsames Commitment für das Thema unterstützt und gefördert wird.

Die Meetings können zudem stets erweitert werden. So können auch externe Redaktionen ihre Erfahrungen im Umgang mit dem Gender Visibility Gap einbringen, Wissenschaftlerinnen und Wissenschaftler ihre Forschungen präsentieren und Vertreterinnen und Vertreter von Tochtergesellschaften eingebunden werden. Im Fall von Ringier hat es keine andere Unternehmensinitiative geschafft, so sehr über die Grenzen einzelner Abteilungen hinweg einen Austausch zu fördern.

Denn Diversität ist ein Universalthema, das in jedem Land, bei jedem Titel eine Rolle spielt. Und es gibt kein Patentrezept, wie der richtige Umgang mit dem Thema sein soll. Die interaktiven Treffen der Redaktionen mit dem Management sind daher eine wichtige Bühne für die publizistische Debatte – die oft auch kontrovers geführt wird.

Coachings

Neue journalistische Ansprüche verlangen nach neuen journalistischen und redaktionellen Kompetenzen. Das muss in Weiterbildungs- und Coachingangeboten reflektiert werden. Dazu gehören Programme für Einsteigerinnen und Einsteiger oder spezifische Schulungen zum Thema Bias in Bildern oder Interviewfragen.

Schulungen für Journalistinnen und Journalisten, aber auch Expertinnen, die den Umgang mit Medien erst erlernen, helfen Barrieren abzubauen und neue Stimmen in Debatten kennenzulernen.

Die Erkenntnisse von EqualVoice wurden auch an Institutionen ausserhalb der Initiative weitergegeben und dort gelehrt, etwa an der Universität Liechtenstein oder beim grossen Medienkongress in Zaragoza oder an Praxistagungen der BBC in London. Die Erkenntnisse von EqualVoice wurden nie als Silowissen behandelt.

Besucherinnen und Besucher von Universitäten, beispielsweise der Tampere University oder der University of Oxford, haben Erkenntnisse aus dem EqualVoice-Prozess inzwischen auch in ihre Forschungen integriert und etwa in Standardwerke der Branche wie den Reuters-Report «Changing Newsrooms 2022» aufgenommen.

Search Guide

Weitere EqualVoice-Tools werden ständig entwickelt und Tools, die weniger genutzt werden, durch solche ersetzt, die von den Newsrooms nachgefragt werden. Ein Tool, das derzeit erarbeitet wird, ist der Search Guide, der die Suche nach Bildmaterial, das nicht von Stereotypen geprägt ist, unterstützt.

Dafür wurde mit dem Projekt EqualPYXX ein Wettbewerb gestartet, bei dem Fotografinnen und Fotografen in der ganzen Schweiz aufgefordert sind, Männer und Frauen in nichtstereotypen Rollen zu zeigen. Diese Bilder werden anschliessend in die Datenbanken von Keystone hochgeladen, die von Redaktionen häufig genutzt wird (siehe Seite 69).

Dadurch entstehen neue Impulse für den Einsatz diverserer Bildmaterialien und damit eine Ausweitung der EqualVoice-Hilfstools auf den Bereich der visuellen Darstellung von Frauen, aber auch anderen Gesellschaftsgruppen. Denn das Problem,

Was tun, wenn sich das anfängliche Engagement wieder auf ein Alltagsniveau einpendelt?

dass es zu wenige Frauen in verschiedenen Rollen in den Fotodatenbanken der Bildagenturen gibt, begleitet jeden Journalisten und jede Journalistin in der redaktionellen Arbeit (mehr dazu auf Seite 68).

Konkret auf Schwankungen des Gender Visibility Gap reagieren

Bei der Anwendung des EqualVoice-Faktors steht ab Start der Nutzung die langfristige Entwicklung im Fokus. Je nach Titel und Redaktion entwickeln sich die Zahlen des EqualVoice-Faktors unterschiedlich. Auch Newslagen, die von männlichen Protagonisten dominiert werden, haben einen Einfluss auf den Faktor.

Bei jeder Bewegung des EqualVoice-Faktors gibt es typische Reaktionen in Redaktionen und Newsrooms, deren man sich bewusst werden sollte, um die richtigen Schlüsse daraus zu ziehen. Im Folgenden wird analysiert, wie reagiert werden kann, wenn der EqualVoice-Faktor steigt, stagniert oder sinkt.

- ↓ **Der Gender Visibility Gap wird kleiner.**
- ↑ **Der EqualVoice-Faktor steigt.**
- → **Haben wir alles richtig gemacht?**

Bei der Lancierung der EqualVoice-Tools in einem Newsroom steigt meist unmittelbar das Bewusstsein für das Thema Diversität und Repräsentation von Frauen im Journalismus. Durch begleitende Coachings und Kick-off-Events wird eine hohe Sensibilisierung bei allen Beteiligten erzeugt. In manchen Fällen führt das direkt zu einem deutlichen Anstieg des EqualVoice-Faktors.

Die Zahlen entwickeln sich beispielsweise in Bereichen wie Wirtschaft und Sport plötzlich deutlich nach oben, weil sich in einer gewissen Zeitspanne alle mehr Mühe gegeben haben. Sie haben zum Beispiel nicht den immer gleichen Experten aufgesucht und befragt, sondern die Expertin, die auf der neu lancierten Expertinnenliste aufgeführt ist.

Diese anfängliche Steigerung wird oftmals mit einer gewissen Euphorie aufgenommen: Endlich hat man die Lösung für das Problem der fehlenden Repräsentation von Frauen in Medien gefunden, die Zahlen zeigen nach oben, der Gender Visibility Gap wird kleiner. Wir haben also alles richtig gemacht. Oder etwa nicht?

Wichtig ist, zu verstehen, dass EqualVoice ein Langzeitprojekt ist. Das anfänglich starke Engagement pendelt sich bald wieder auf ein Alltagsniveau ein. Daher gilt es in dieser Phase dafür zu sorgen, dass die EqualVoice-Tools in den redaktionellen Alltag integriert und institutionalisiert werden.

Dazu gibt es einige Massnahmen, die sofort umgesetzt werden können:

- **Bildung einer redaktionsinternen EqualVoice-Arbeitsgruppe,** die sich regelmässig über das Thema EqualVoice austauscht und Ansprechpartnerin für andere Redaktionsmitglieder ist oder für solche, die nach dem Start der Initiative dazukommen.

- **Integration der EqualVoice-Kennzahlen in redaktionelle Dashboards und für alle** zugängliche und abrufbare Analysetools. Nur wenn alle regelmässig über Fortschritte und Rückgänge informiert werden, kann sich ein Bewusstsein für das Thema entwickeln, das nicht auf die Chefredaktionsebene oder die EqualVoice-Arbeitsgruppe begrenzt bleibt.
- **Förderung der publizistischen Debatte über die EqualVoice-Kennzahlen hinaus.** Die Diskussion über Diversität im Medienprodukt und Newsroom sollte stets auf den EqualVoice-Kennzahlen basieren, aber auch Ausgangspunkt für eine Debatte über Diversität in Newsrooms sein. Dazu können spezielle EqualVoice-Blattkritiken gehören, die auch von Externen durchgeführt werden, oder Analysen der Diversität im Newsroom selbst (darüber mehr auf Seite 79).

→ **Der Gender Visibility Gap stagniert.**
→ **Der EqualVoice-Faktor stagniert.**
→ **Haben wir überhaupt etwas gemacht?**

In manchen Fällen bewegt sich der EqualVoice-Faktor kaum. Dies entweder weil das Geschlechterverhältnis bereits beinahe 50:50 beträgt oder weil die Überrepräsentation von Frauen (z.B. in People-Magazinen) oder Männern (z.B. in Wirtschaftsmedien) zementiert erscheint.

Oftmals ist es bei grösseren Medien auch der Fall, dass einzelne Ressorts zwar deutliche Veränderungen erreichen, sich der Faktor in anderen Ressorts aber nicht bewegt und damit die Entwicklung für den ganzen Titel blockiert wird. Das kann zu entsprechendem Frust führen, da die Frage aufkommt, ob die eigenen Massnahmen und auch die höhere Motivation und das Bewusstsein der Redaktionsmitglieder überhaupt einen Effekt haben.

Hier hilft es, sich einige analytische Fragen zu stellen:

- **Entwickelt sich der Faktor in einzelnen Ressorts auffällig?** Wie eben angesprochen, haben besonders grössere Redaktionen damit zu kämpfen, dass die unausgewogene Repräsentation der Geschlechter in gewissen Ressorts den Wert für das ganze Medium blockiert. So kann etwa der Faktor im Sport steigen; werden aber im Kulturteil ausschliesslich Bücher männlicher Autoren rezensiert, friert das den

EqualVoice-Faktor wieder ein. Hier lohnt sich eine Analyse, die auf einzelne Ressorts heruntergebrochen wird. Ein kulminierter EqualVoice-Faktor ist dennoch sinnvoll, denn die Auswertung komplett in die Ressorts zu verlagern, birgt die Gefahr, dass sich am Ende niemand mehr so richtig für den Faktor verantwortlich fühlt. Und noch wichtiger: Für den Nutzer und die Nutzerin des Mediums ist der Gesamtfaktor entscheidend, da er oder sie ja meist das ganze Produkt konsumiert und nicht nur ein einzelnes Ressort.

- **Hat eine spezielle Newslage dazu geführt, dass der Faktor in einem bestimmten Zeitraum eingefroren ist?** Journalistinnen und Journalisten haben die Pflicht, sich nach der aktuellen Newslage zu richten. Grossereignisse wie die Männer-Fussball-WM oder ein Wahlkampf mit zwei männlichen Kandidaten prägen Nachrichten und damit den Gender Visibility Gap. Eine Newslage kann somit ein Grund sein, dass der Faktor einfriert oder sinkt. Aber es gibt dennoch Ebenen, auf denen die Stimmen von Frauen gefördert werden können, ohne die journalistischen Pflichten zu vernachlässigen. Beispielsweise könnte während des Wahlkampfs der männlichen Kandidaten eine Analystin die TV-Duelle auswerten, oder eine Expertin für Wirtschaftspolitik könnte die Programme der beiden Politiker erörtern.
- **Sind unsere Instrumente allen Redaktionsmitgliedern bekannt?** Es ist wichtig, die Ziele, Instrumente und Prozesse der EqualVoice-Initiative immer wieder allen Redaktionsmitgliedern bekanntzumachen. Besonders in Teams mit einer hohen Fluktuation gehen Wissen über EqualVoice und die Einübung der Nutzung der Instrumente ansonsten verloren. Es empfiehlt sich hierbei ein mindestens vierteljährliches Update mit Links und Hinweisen an alle Redaktionsmitglieder.

↑ **Der Gender Visibility Gap wird grösser.**
↓ **Der EqualVoice-Faktor sinkt.**
→ **Haben wir alles falsch gemacht?**

Wenn etwa der EqualVoice-Faktor in einem Newsroom nach einer anfänglich deutlichen Steigerung wieder sinkt und sich auf einem früheren Niveau einpendelt, stellt sich Redaktionsmanagerinnen und -managern die Frage, ob das Tool richtig eingesetzt wurde oder welche Massnahmen ergriffen werden können, um den Trend umzukehren.

«Ich redigiere»: Jeder Autor und jede Autorin verdient konstruktives, respektvolles kritisches Feedback.

Hier lohnt sich erst einmal die Erinnerung an einen der wichtigsten Effekte des EqualVoice-Faktors: Das Verschwinden der Frauen aus der Berichterstattung geschieht nicht mehr en passant, sondern wird gesehen und registriert. Das unterscheidet Newsrooms, die den EqualVoice-Faktor nutzen, auch bei einem sinkenden Faktor von jenen, die ihn nicht nutzen.

Aus diesem Gedanken und Bewusstsein heraus muss die Diskussion erfolgen. Der sinkende Faktor ist ein klares Signal: Frauen werden in der Berichterstattung nicht mehr im gleichen Mass berücksichtigt wie in den Zeiträumen davor. Verzeichnet ein Medientitel über Monate einen niedrigeren Wert, ist die Verdrängung von Frauen aus seiner Berichterstattung ein Fakt und durch den Faktor belegt.

Analysen können in mehreren Schritten angestellt werden. Starten kann man mit jenen Fragen, die man sich auch bei Stagnation stellen kann. Also: Entwickelt sich der Faktor in einzelnen Ressorts auffällig? Hat eine spezielle Newslage dazu geführt, dass der Faktor in einem bestimmten Zeitraum eingefroren ist? Sind unsere Instrumente allen Redaktionsmitgliedern bekannt und bewusst? Darüber hinaus gibt es weitere Analysen, die hilfreich sind:

- **Wie sieht die Genderrepräsentation in unserem Feld der Berichterstattung aus?** Der EqualVoice-Faktor soll dabei helfen, die Realität abzubilden. Wichtig ist also, dass auch zum Feld der Berichterstattung Daten vorliegen. Nehmen wir das Beispiel Politikjournalismus: Wie ist die Repräsentation von Frauen in der Schweizer Politik, den Verbänden und Parteien? Wie hoch ist der Anteil von Frauen in Kantonsregierungen und auf Bundesebene? Welche Daten und Statistiken liegen uns vor? Inwiefern weichen die Werte der eigenen Berichterstattung davon ab? Diese Fragen können Startpunkt einer publizistischen Debatte sein, wie die Realität besser abgebildet werden kann. Manchmal hilft es, blinde Flecken innerhalb der Redaktion zu identifizieren. Gibt es, um beim Beispiel Politikjournalismus zu bleiben, Politikfelder oder Verbände, in denen Frauen bei der Berichterstattung chronisch unterrepräsentiert sind, obwohl es sie in den betreffenden Institutionen gibt? Darüber hinaus gibt es auch Entwicklungen, die nicht in der Hand der Redaktion liegen. Beispielsweise kann in einem bestimmten Politikfeld oder einem Verband ein Rückgang von Frauen verzeichnet werden, was den sinkenden EqualVoice-Faktor teilweise erklären kann.

- **Welche Formate, die vielleicht nicht im Fokus stehen, werden von Männern dominiert?** Medien haben sehr viele unterschiedliche journalistische und redaktionelle Formate, etwa Kommentare, Gastkommentare, Kolumnen und Analysen in den unterschiedlichsten Formen. Der EqualVoice-Faktor zählt alle diese Artikel gleichwertig und analysiert sie. Es lohnt sich also die Frage, in welcher Rubrik vor allem Männer oder Frauen vorkommen. Etwa bei Porträtreihen: Wenn beispielsweise in einer Start-up-Rubrik pro Jahr 50 Gründerinnen und Gründer porträtiert werden, bietet es sich an, einen Blick auf das Geschlechterverhältnis zu werfen. Denn Diversity-Ziele in kleineren Rubriken können oftmals einen nicht zu unterschätzenden Effekt auf den kumulierten EqualVoice-Faktor haben.

- **Wie können wir die Netzwerke unserer Journalistinnen und Journalisten erweitern, um Diversität zu unterstützen?** Journalistische Arbeit ist anfällig für Routinen. Der Experte, der seit Jahren und Jahrzehnten angerufen wird und verlässliche Statements abliefert, wird vielleicht auch im neuen Jahr fünfmal zu Wort kommen. Würde es sich nicht – auch im Sinne von mehr Abwechslung für die Leserinnen und Leser – lohnen, neue Stimmen zu befragen? Wäre es nicht spannend, noch unbekannte Akteurinnen und Akteure eines Felds kennenzulernen, vor allem in Branchen und Bereichen, in denen sich das Geschlechterverhältnis vielleicht verändert hat, wie man an Statistiken ablesen kann? Die regelmässige Auffrischung der eigenen Recherchekontakte und Netzwerke unterstützt die publizistische Vielfalt. Tools wie die Expertinnenliste liefern hierfür Anregungen.

«Es hilft, wenn sich Redaktionen und Daten-teams verzahnen.»

Merlin Bauer ist Head of Data Platforms bei Ringier. Er entwickelte das EqualVoice-Messsystem und begleitete die Implementation des EqualVoice-Faktors in allen Redaktionen.

Der EqualVoice-Faktor analysiert monatlich Hunderttausende von Artikeln. Wie funktioniert diese Analyse konkret?

Unser System basiert auf Natural Language Processing. Das heisst, jeder Artikel wird anhand von Informationen, die wir daraus extrahieren können, zerlegt und dann mittels einer Taxonomie geordnet. Diese ist eine festgelegte internationale Taxonomie, mit der man festhält, von welchem Thema ein Artikel handelt. Geht es hier um Krieg oder um Politik? Und dann kann man das runterbrechen auf weitere Ebenen, etwa auf internationale oder nationale Politik und dann runter auf weitere Ebenen. Für EqualVoice sind jedoch weniger die Taxonomien von Bedeutung als vielmehr Entitäten. Der Algorithmus, den wir über den Text laufen lassen, erkennt also, ob das jetzt ein Name ist oder ein Gegenstand oder etwas anderes. Doch wenn die Maschine einen Namen als solchen erkannt hat, kann sie

noch nicht sagen, ob es der Name einer Frau oder eines Mannes ist. Deswegen speisen wir der Maschine ein Namenslexikon ein (siehe Seite 33), damit sie abgleichen kann: «Ich habe hier einen Maximilian. Ist das jetzt – Abgleich Namenslexikon Schweiz – ein Mann oder Frau?» So wird der Score dann entsprechend definiert und das Ergebnis geliefert.

Wie funktioniert die EqualVoice-Analyse für Videos?

Die Videoanalyse ist neu und funktioniert anders als der bisherige Faktor. Es wird nicht wie im Text oder Bild nach Entität gezählt und dann zugeordnet, sondern die Entität wird im Video erkannt. Der Algorithmus misst dann die Länge, das heisst, wie lang eine dieser Entitäten «Mann», «Frau» oder beide in diesem Video abgebildet werden. Das ist der wichtigste Unterschied.

Wie unterscheidet die EqualVoice-Software, ob ein Mensch mit langen Haaren eine Frau oder ein Mann ist?

Jeder Algorithmus, der in irgendeiner Art und Weise automatisiert funktioniert, wird manuell trainiert. Das nennt sich Machine Learning. Das heisst, ein Algorithmus kann eine Katze erst erkennen, wenn er eine Million Bilder von Katzen gesehen hat und diese manuell für ihn umrahmt wurden: «Das ist eine Katze, und das sind ihre Merkmale.» Man speist diese Informationen in die Maschine ein, und irgendwann kann der Algorithmus genügend Merkmale zusammensetzen, um zu sagen: «Ja, zu 90 Prozent ist das eine Katze, zu 10 Prozent ist es ein Maulwurf.» Und so funktioniert der Algorithmus auch, wenn es darum geht, auf einem Bild oder in einem Video einen Mann oder eine Frau zu erkennen. Das heisst aber nicht, dass ein Attribut wie zum Beispiel lange oder kurze Haare das einzige Merkmal darstellt. Es werden sehr viele Attribute miteinbezogen, damit die Maschine am Ende mit einer gewissen Genauigkeit sagen kann, ob eine Person eine Frau oder ein Mann ist.

Welche technischen Voraussetzungen muss man mitbringen, wenn man den EqualVoice-Faktor in seiner Redaktion integrieren will?
Wir bieten eine Schnittstelle an. Es ist also ein Aufwand von ein paar Tagen, um diese Schnittstelle zu integrieren. Danach können Inhalte über das CMS an uns geschickt werden. Diese werden automatisiert ausgelesen und analysiert und sofort wieder zurückgeschickt. Die Inhalte werden also nicht bei uns gespeichert, das wäre nicht mit dem Datenschutz vereinbar. Wir wollen, dass die Inhalte beim Kunden, bei der Kundin bleiben. Wir machen nur die Analyse.

EqualVoice hat die Nähe zwischen Datenanalyseteams und Redaktionen verstärkt. Wie schätzen Sie dieses Zusammenrücken ein?
Ich glaube generell, dass es sehr hilfreich ist, sich zu verzahnen. Im Daten- oder Technologiebereich sind wir auf das operative Geschäft angewiesen, weil wir nicht diejenigen sind, die irgendetwas erzeugen, zum Beispiel redaktionelle Inhalte. Sondern wir brauchen den Input,

um etwas für die Redaktionen zu tun, um Tools zu entwickeln. Und da braucht es Leute, die eine Brücke schlagen, sonst versteht man sich einfach nicht. Deswegen ist es gut, wenn eine Person als Übersetzerin und Vermittlerin zur Seite steht. Davon bräuchte es tendenziell sogar mehr. Etwa in Form eines oder einer «Doctor Data», wie es ihn oder sie im *Blick*-Newsroom gibt, der oder die die Datenanalysen für die Journalistinnen und Journalisten übersetzt und nutzbar macht.

Inzwischen nutzt fast jeder und jede auch privat KI-Tools wie ChatGPT. Ist das eine positive Entwicklung?
Es gibt schon lange Chatbots, also künstliche Intelligenz, die mit Machine-Learning-Material gefüttert wird. OpenAI hat KI mit ChatGPT auf eine Art und Weise nutzbar gemacht, die wirklich für alle verständlich und zugänglich ist. Das ist das Innovative daran. Was wir mit EqualVoice machen, ist im Grunde nichts anderes: Daten verständlich darstellen. Die Skalierung ist allerdings eine ganz andere. Wir reden bei EqualVoice von einem Algorithmus, der Entitäten erkennen und ihrem Geschlecht zuordnen soll. Bei ChatGPT haben wir hingegen eine Maschine, die auf jede Frage eine Antwort liefern soll. Ob diese jetzt Sinn oder Unsinn ergibt, sei mal dahingestellt. Bei

ChatGPT hat es jedenfalls eine Dekade gedauert, dieses Modell mit Informationen zu füttern. OpenAI hat dafür ein Unternehmen in Kenia angestellt. Diese Leute waren nur dazu da, manuell Texte zu lesen oder sich Material anzuschauen, um es für die Maschine zu taggen. Das beinhaltet auch verstörende Inhalte: Was ist Hatespeech? Was ist Vergewaltigung? Was ist Crime? Dieses gilt es der Maschine zu präsentieren und ihr zu sagen: Wenn du das erkennst, diese Wörter, diese Bilder, diese Sachen, die hier passieren, darfst du es nicht bearbeiten. Viele dieser Leute sind völlig durch, weil sie Massen an Material sichten mussten. Das ist ein wenig beachteter Effekt dieser KI-Welle. Jede KI muss manuell trainiert werden – und zwar anhand menschlicher Entscheidungen und Bewertungen.

EqualVoice in Videos und Bildern

Ein entscheidender Schritt in der Weiterentwicklung des Equal-Voice-Faktors ist die Analyse von Bewegtbild, also von Videos. Das beinhaltet eine qualitative Debatte über Bildsprache und die Zusammensetzung von Bildredaktionen.

Der Gender Visibility Gap in Video und TV

Dass bei der Repräsentation von Frauen auch im Bewegtbild noch viel Luft nach oben ist, belegen Auswertungen und Analysen. So hat etwa die Universität Rostock für ihre Fortschrittsstudie zur audiovisuellen Diversität in einer repräsentativen Stichprobe den Inhalt von 2931 Einzelprogrammen deutscher Produktionen mit rund 25 000 Protagonistinnen und Protagonisten analysiert. Untersucht wurden insgesamt 17 TV-Sender.

Die Studienautorin Elizabeth Prommer sagte dazu in einem Interview vom 5. Oktober 2021 mit dem NDR, dass 74 Prozent der Expertisen im TV von Männern stammten. Das seien zwar 3 Prozent weniger als vier Jahre zuvor, aber der Unterschied sei immer noch immens. «Mir wird immer wieder gesagt, dass Frauen häufiger absagen», so Prommer weiter. «Aber ich glaube auch: Bis eine Frau Expertin ist, muss sie wesentlich mehr geleistet haben als ein Mann.» Als Beispiel nennt sie eine Sendung, in der ein Mann als Experte eingeladen wurde, der gerade seine Magisterarbeit schreibt. «Eine junge Frau hingegen muss darüber promoviert haben, habilitiert haben, Professorin sein - dann wird sie als Expertin eingeladen. Das heisst, bei uns Frauen werden höhere Massstäbe angelegt.»

Im Bereich der Bildung gäbe es laut Prommer eigentlich sogar wesentlich mehr Expertinnen als Experten: Der Studie zufolge

> «Die Geschichten, die wir in den Unterhaltungsmedien erzählen, vermitteln eine bestimmte Botschaft darüber, wer in unserer Kultur am wichtigsten ist.»
>
> Geena Davis, Schauspielerin und Produzentin

«Ich fotografiere»: Die Freigabe von Titelbildern, Optiken und Seitenlayouts sollte genauso von gemischten Teams erfolgen wie die Produktion der Inhalte.

liegt der Frauenanteil bei 80 Prozent. Mit einer Expertise im Fernsehen zu Wort kommen aber nur rund ein Drittel Frauen - und zwei Drittel Männer.

Eine Studie aus dem Jahr 2021 des Forschungszentrums Öffentlichkeit und Gesellschaft (fög) in Zusammenarbeit mit dem Institut für Kommunikationswissenschaft und Medienforschung der Universität Zürich (IKMZ) kommt zum Schluss, dass die Repräsentation von Frauen auch in Schweizer Nachrichtenmedien «klar ungenügend» sei. Die Medien seien gefordert, künftig für eine ausbalanciertere Berichterstattung zu sorgen, Frauen vermehrt als Expertinnen, Sprecherinnen und Führungspersonen zu Wort kommen zu lassen und damit zu einem Abbau gesellschaftlicher Ungleichheiten beizutragen, so Studienleiterin Lisa Schwaiger im SRF-Tagesschau-Bericht vom 1. Juli 2021.

Der EqualVoice-Video-Score ermöglicht TV-Anstalten, aber auch anderen Produzentinnen und Produzenten von Videoinhalten eine schnell implementierbare und automatisiert arbeitende Lösung, um dieses Problem zumindest mit Zahlen und Fakten zu begreifen und daraus Schlüsse zu ziehen. Und um eine publizistische Debatte über Diversität zu starten, die sich wohl gar nicht so sehr von der in klassischen Print- oder Onlinepublikationen unterscheiden wird.

Der EqualVoice-Score für das Bewegtbild

Der Anteil von Bewegtbild auf Medienplattformen schoss in den letzten Jahren in die Höhe. Nicht nur weil Videoformate neue journalistische Erzählformen und kommerzielle Möglichkeiten eröffnen, sondern auch weil die Nachfrage des Publikums danach stetig steigt und diese Inhalte in den sozialen Medien besonders gut funktionieren.

Heute ist die EqualVoice-Software in der Lage, jedes Video danach zu analysieren, wie oft und wie lange Frauen darin vorkommen. Daraus ergibt sich ein eigenständiger EqualVoice-Video-Score, der 2023 ergänzend zum ursprünglichen EqualVoice-Faktor entstanden und für Anbieter von Onlinevideos, aber auch für TV-Unternehmen nutzbar ist.

Lanciert wurde die EqualVoice-Videoanalyse im Frühjahr 2023 bei der Marke *Blick,* die mit ihrem Web-TV-Kanal besonders viel Bewegtbild-Content ausspielt. Und wenn die Marke das Thema

EqualVoice ernst nehmen will, muss sich die Analyse auch auf diese Inhalte erweitern.

Der EqualVoice-Video-Score zeigt auf, wie die Repräsentation von Frauen im Bewegtbild-Content konkret aussieht - und dies wiederum unter Livebedingungen journalistischer Arbeit, in Abgrenzung zu nachträglichen Analysen durch Forschungsinstitutionen, die sich dieses Themas bisher dankenswerterweise angenommen haben. Damit ist es möglich, auf das Verschwinden von Frauen aus der Berichterstattung unmittelbar zu reagieren, anstatt das Problem des Gender Visibility Gap nur nachträglich zu attestieren.

Die Analyse von Bildern

Die Debatte über Diversität erstreckt sich im Rahmen einer Diskussion über EqualVoice natürlich auch auf klassische Bilder in Online- und Printmedien. Wie Protagonisten und Protagonistinnen in Medien dargestellt werden, ist nicht zufällig und folgt lange eingeübten Mustern. Doch welche Analysen von Bildern wären unter einem EqualVoice-Gesichtspunkt denkbar? Natürlich wäre es möglich, die Anzahl von Männern und Frauen auf Bildern zu messen. Und tatsächlich ergäbe sich dann das Bild von männlicher Dominanz - auch auf den Titelseiten.

Die Wirtschaftsjournalistin Florence Vuichard analysierte etwa in einem Artikel, wie viele Frauen seit dem Bestehen des Wirtschaftsmagazins *Bilanz* auf dessen Cover figurierten. Das Ergebnis: Von 613 Titelseiten waren nur 31 einer Frau gewidmet. Das entspricht einem Frauenanteil von 5 Prozent auf den Coverseiten. «Und die Sache sieht noch trister aus, wenn man all jene Ausgaben abzieht, bei denen die Frauen als reines Deko-Material benutzt wurden, um irgendetwas zu illustrieren - eine Uhrenmarke zum Beispiel, ein Luxus-Lebensgefühl - oder auch nur, um der Leserschaft zu erklären, dass bei den Schweizer Firmen die Euphorie für China nun verflogen sei», schreibt Vuichard in einem *Bilanz*-Artikel 2018 zum 40-Jahr-Jubiläum des Magazins. «Ohne Penélope Cruz, Nicole Kidman, Patricia Schmid und Co. gehörten noch gerade 23 Titelseiten den Frauen aus Wirtschaft und Politik.»

Auch im Innenteil von Zeitungen und Magazinen oder auf den Webseiten der Medienmarken verdient die Darstellung von Frauen redaktionsinterne Debatten. Journalistinnen und Journalisten stehen allerdings oftmals vor folgendem Problem: Der

Gender Visibility Gap erstreckt sich auch auf das Agenturmaterial, mit dem Redaktionen arbeiten. Denn: Es gibt zu wenige Frauen in den riesigen Fotodatenbanken der Agenturen.

(Fehlende) Frauen in Fotodatenbanken

Das Material von Bildagenturen ist für die redaktionelle Arbeit unentbehrlich. Die Fotos von Keystone und Co. sind entscheidend für das visuelle Grundgerüst von Medienmarken. In der täglichen Arbeit kann nicht jede Story mit eigenen Fotografien behandelt werden. Ohne Agenturmaterial geht es also nicht. Und hier sind Frauen immer noch unterrepräsentiert.

Wie erfolgversprechend ist etwa die Suche nach einer Börsentraderin, die eine Story über den Aktienmarkt illustrieren soll? Eine einfache Suchabfrage in der Agentur Keystone ergibt für den Begriff «Börsenhändlerin» vier Fotos. Auf zwei davon sind neben Frauen auch Männer zu sehen, das dritte stammt aus dem Jahr 1998, und das vierte zeigt eine Händlerin an der Börse Hongkong.

Für den Begriff «Börsenhändler» liefert die Agentur hingegen 902 Vorschläge. Diese bilden alle möglichen Varianten und Stimmungen ab. Sie taugen für die Illustration eines Börsencrashs genauso wie für eine Hochstimmung an den Aktienmärkten. Sie sind in allen Ländern und Kulturen der Welt verortet. Börsenbewegungen auf amerikanischen, japanischen, brasilianischen und schweizerischen Handelsplätzen sind damit problemlos illustrierbar.

Die Fotos der Frauen hingegen taugen nur für eine begrenzte Anzahl an Themen. Und wenn die wenigen brauchbaren Bilder genutzt worden sind, schwenkt eine Redaktion wahrscheinlich wieder auf die endlos scheinende Auswahl um, die mit dem Suchbegriff «Börsenhändler» angezeigt wird. Dieses Beispiel demonstriert, dass Frauen in Fotodatenbanken in vielen Rollen und Branchen unterrepräsentiert sind, was sich sofort auf ihre Repräsentation in Medien niederschlägt.

Die visuelle Darstellung von Frauen in Medien

Bilder erzeugen und normalisieren ein Bild der Realität. Medienprodukte, die einen eigenen Stil entwickelt haben, besitzen in der Regel auch eine eigene Bildsprache. Diese sollte auf jeder Seite und in jedem Artikel, etwa auf dem Onlineauftritt eines Mediums, sichtbar sein. Bildsprache und illustrative Elemente gehören damit zum Standard publizistischer Ausdrucksformen. Bilder sind gleichzeitig Signale an das Publikum. Die Entscheidung für oder gegen ein Bild ist somit ein entscheidender Vorgang im redaktionellen Arbeitsprozess.

Mit der Auswertung der Anzahl Frauen in den Bildern eines Mediums wird also eine weitere Dimension des publizistischen Ausdrucks erfasst und gezählt. Der Image-Score ist hilfreich für die Analyse, ob Frauen vielleicht in Texten vorkommen, aber in der Bildsprache untergehen. Werden sie beispielsweise in Expertinnenstatements in Texten erwähnt, aber die grossen, sichtbaren Bilder sind weiter von Männern dominiert? Der Image-Score kann aber nur der Ausgangspunkt einer redaktionellen Debatte über die Darstellung von Frauen in Medien sein. Es geht nämlich auch hier über die rein quantitative Steigerung hinaus um eine qualitative Diskussion.

Fragen für Bildredaktionen

Welche Probleme ergeben sich für Journalistinnen und Journalisten im Umgang mit Bildern und beim Versuch, Diversität zu fördern? Folgende Fragen können hier gestellt werden.

Entspricht das Bild journalistischen Ansprüchen?

Die erste und entscheidende Frage wird immer sein, ob eine Darstellung einem journalistischen Anspruch entspricht. Das heisst, wird auf dem Bild das gezeigt, was relevant ist, was passiert ist und was ohne die geschönten Folien von PR-Beraterinnen und -Beratern ein Bild der Realität transportiert, das für Leserinnen und Leser einen Mehrwert und Erkenntnisgewinn bringt? Das beinhaltet etwa den richtigen Fokus, die Darstellung des entscheidenden und spannenden Moments und nicht einen Schnappschuss ohne Kontext und handelnde Person.

Die Beantwortung dieser Frage ist für die meisten Medienschaffenden relativ einfach. Sie ist jahrzehntelang eingeübt und mit einem journalistischen Gespür und einer Ausbildung lernbar. Nur Bilder, die journalistischen Ansprüchen genügen, werden Nutzerinnen und Nutzer auf Dauer davon überzeugen, einem Medium treu zu bleiben.

Lohnenswert ist es, die eigenen Fotografinnen und Fotografen dazu zu ermutigen, mit eigenen Bildern dem eklatanten Mangel

Was ist EqualPYXX?

Die Realität ist bunt und divers. Die Schweizer Bildwelt ist es nicht. Tagtäglich sind wir mit stereotypischen Bildern, Darstellungen und Fotos konfrontiert. Wieso sehen wir Bilder von Kindergärtnerinnen, aber nicht von Kindergärtnern? Wieso wird die Führungsperson meist als Mann dargestellt, während eine weibliche CEO nicht repräsentiert wird?

Frauen sind zudem stark unterrepräsentiert. Eine Studie aus dem Jahr 2019 hat gezeigt, dass die Hälfte der zehn meistverkauften Stockfoto-Kategorien weniger als 40 Prozent Frauen enthalten. In einigen Kategorien wie «Technologie» oder «Wissenschaft» waren Frauen sogar mit einem Anteil von weniger als 20 Prozent vertreten.

Diese Erkenntnisse motivierten EqualVoice und womenbiz ag dazu, die EqualPYXX-Fotochallenge zu lancieren. EqualPYXX ist der Versuch, Bilddatenbanken geschlechtergerechter zu machen, sodass sie die ganze Vielfalt der Gesellschaft visuell zur Verfügung stellen. In Kooperation mit der Nachrichtenagentur Keystone-SDA wurden Fotografinnen und Fotografen gebeten, nicht stereotype Bilder einzureichen, die anschliessend in die Keystone-Bilddatenbank hochgeladen werden, damit neue Perspektiven eröffnet werden.

an Frauen in Bilddatenbanken entgegenzuwirken. Das braucht Ressourcen und Schulungen. Aber die vielfältigere Bildsprache wird das Produkt von Konkurrenzprodukten, die nur auf Agenturmaterial setzen, abheben. Auch das soll das Programm EqualPYXX erreichen und so Stereotype brechen.

Reproduziert das Bild ein Klischee? Das Ziel fotojournalistischer und redaktioneller Arbeit ist es, die Realität ungeschönt darzustellen und das Verständnis über gesellschaftliche, politische, kulturelle oder wirtschaftliche Vorgänge zu erleichtern. Ein Klischee ist die schablonenartige Verarbeitung und Verkürzung von Vorgängen und damit ein Mangel an journalistischer Neugier. Auf Schablonen und Schubladen zu setzen, um Gruppen von Menschen zu charakterisieren und ihnen Verhaltensmuster zuzuschreiben, ist so etwas wie journalistische Faulheit.

Die Frage kann daher an jedes Bild gestellt werden: Zeigt sich hier die Realität, drückt sich hier das Bemühen aus, das möglichst passende Bild zu zeigen, oder wurde einfach ein generisches Stockfoto genutzt, das ein Thema andeutet, aber nicht zeigt? Werden etwa Geschlechterrollen im Alltag oder Berufsleben im Stil der Fünfzigerjahre dargestellt? Werden für Migranten und Migrantinnen oder für Angehörige sexueller Minderheiten die immer gleichen Bilder genutzt, die für den Blick des sie auswählenden Redaktionsmitglieds vielleicht passend erscheinen, aber mit der Realität einer Community nichts zu tun haben und teils sogar verletzend wirken können?

Hier lohnt es sich, mit den Communitys - oder im Fall von EqualVoice auch ganz einfach mit den Frauen in der Redaktion - ins Gespräch zu kommen. Und es empfiehlt sich, die Perspektiven von jüngeren Kolleginnen und Kollegen genauso einzuholen wie jene vor Mitarbeitenden mit jahrzehntelanger Erfahrung.

Reproduziert das Bild Sexismus?

Sexistische Darstellungen drücken eine Diskriminierung aufgrund des Geschlechts der dargestellten Person aus. Dies muss nicht einmal in einer bewusst gesetzten Abwertung erfolgen. Sexismus kann auch die Entscheidung sein, eine Frau einfach nicht in einer gewissen Rolle zu zeigen, weil es unüblich ist oder weil man annimmt, dass die Darstellung nicht zum Geschlecht passt. Die simple Frage «Wie würden wir einen Mann in der Rolle zeigen?» weist oftmals schon auf die blinden Flecken und Vorannahmen hin, die vorherrschen, wenn ein Foto einer Frau in für die Redaktion ungewöhnlicher Rolle erfolgt.

*«Ein grosses Hindernis für Frauen sind
Stereotype, die unermüdlich reproduziert
werden und die als Hintergrund für die
Wahrnehmung – und leider oft auch für die
Selbstwahrnehmung – von Frauen dienen.»*

Micheline Calmy-Rey, Alt-Bundesrätin

Wird beispielsweise eine Managerin, wie viele männliche CEOs, in der klassischen Dominanzrolle und -gestik dargestellt, ist das eine redaktionelle Entscheidung. Der Entschluss, Managerinnen diese für männliche Entscheidungsträger jahrzehntelang eingeübte Darstellung zu verweigern und ihre Bilder weicher oder anders zu zeigen, ist eine Andersbehandlung aufgrund des Geschlechts. Managerinnen sind genauso machtvoll wie Manager. Es gibt daher keinen Grund, ausser einer sexistischen Annahme über das Geschlecht, sie nicht genau so zu inszenieren.

Auch die Entscheidung, den Namen einer Frau, beispielsweise in einer Bildunterschrift, krass zu verkürzen, zu verniedlichen oder als reines Anhängsel eines Akteurs zu verwenden, drückt eine Haltung aus, die sexistisch sein kann. Possessivpronomen, die vor allem in der Berichterstattung über Prominente vorkommen, etwa «seine Lena» bei einem bekannten Sportler, der natürlich mit vollem Namen und womöglich noch einer Beschreibung all seiner Erfolge genannt wird, laufen dem Bemühen einer fairen Darstellung entgegen.

Entscheidend sind auch die, die entscheiden

Bei der Erarbeitung einer Bildsprache, die dem Gender Visibility Gap begegnen will, hilft es, auch die Perspektiven von jenen zu integrieren, die auf den Fotos dargestellt werden. So hat die *Handelszeitung* etwa in der Freigabe ihrer Titeloptik einen neuen Modus eingeführt, um auch einen weiblichen Blick auf das Frontfoto, das der wichtigste Ausweis der Zeitung ist, zu werfen. Weil Bildredaktion, Layout und auch Chefredaktion über lange Zeit rein oder überwiegend männlich besetzt waren und es teilweise noch sind, werden Frontvorschläge nun auch an Frauen in der Redaktion weitergeleitet, die damit die Möglichkeit haben, auf eine schwierige Darstellung hinzuweisen und diese zur Diskussion zu stellen.

Diese Art von «Vetorecht», die zwar nicht das Chefredaktionsprinzip auflöst, also die letztgültige Verantwortung der Chefredaktion, aber eine weitere Perspektive einbringt, hat sich als leicht implementierbare Routine erwiesen. Das Feedback auf eine sexistische oder klischierte Darstellung wird bei der Nichtnutzung solcher einfacher Möglichkeiten einfach später erfolgen, im schlechteren Fall durch einen Shitstorm in sozialen Netzwerken und im besseren Fall durch ein konstruktives Feedback von Kolleginnen und Kollegen, die aber im Entscheidungsprozess aussen vor gelassen wurden.

Die Diversität derjenigen, die über die Bildsprache eines Mediums entscheiden, bringt automatisch neue Perspektiven. Zudem lohnt es sich bei der Darstellung gesellschaftlicher Gruppen, anzuhören, ob sie sich durch die verwendete Bildsprache repräsentiert fühlen, wenn immer wieder die gleichen Darstellungen oder Klischees genutzt werden, und zu reflektieren, wie diese aufgebrochen werden können.

Diversere Entscheidungsteams beispielsweise bei Layout- oder Bildfragen bringen automatisch mehr Diskussionen. Sobald die Perspektiven vielfältiger sind, ist eine Debatte notwendig, die im ersten Moment vielleicht mühsam erscheint. Schnell kommt das Argument auf, dass man im hektischen Redaktionsalltag keine Zeit für solche Diskussionen habe, die zudem gerne als Empfindlichkeiten oder Nebensächlichkeiten abqualifiziert werden.

Umso wichtiger ist es, herauszustellen, warum sich die ausgiebige Diskussion lohnt. Denn klar ist: Die Diskussion über angemessene oder sensible Darstellungen wird, wenn sich die Gesellschaft verändert, so oder so geführt. Der Unterschied ist, dass sie beim Verzicht auf eine interne Debatte von aussen, etwa in Form eines Shitstorms in den sozialen Medien, oder von Beschwerden aus der Leser- und Leserinnenschaft an das Medium herangetragen wird.

Klischees sind so etwas wie journalistische Faulheit.

Diversität in KI-generierten Bildern

Content-Creators, Autorinnen und Autoren, Fotografinnen und Fotografen prägen mit ihrem Blick mit, was die Gesellschaft wahrnimmt. Darum sind Initiativen wie die EqualPYXX-Fotochallenge (siehe Seite 69) wichtig. Darüber hinaus fliessen ihre Inhalte in Datensätze ein, die als Grundlage für weitere Inhalte dienen können. Gerade im Hinblick auf Künstliche Intelligenz ist hier besondere Sensibilität erforderlich.

Julie Body, die Art Director der *Handelszeitung,* hat sich seit dem Aufkommen der KI-Technologie intensiv damit beschäftigt und die Anwendungsmöglichkeiten von KI im Journalismus umfassend erforscht und angewendet. Für die Bildschiene dieses Buches haben wir sie darum gebeten, zehn journalistische Handlungsrollen (für die im beigefügten Kurzguide Praxistipps und Empfehlungen geliefert werden) sowie einen Newsroom (rechts) mithilfe von KI zu illustrieren.

Body nutzte für das Generieren der Bilder das Prompting-Verfahren. Das heisst, sie näherte sich in vielen Befehlsrunden einem Bild an, das ausdrückt, was die Rolle ausmacht und wie sie farblich, grafisch und illustrativ dargestellt wird.

Für jedes Bild waren mehrere Dutzend Prompts nötig. Dies nicht nur, um alle Bilder in eine möglichst einheitliche Form zu bringen, sondern auch, um diversen Bias, die der KI inhärent sind, entgegenzuwirken. Denn die KI arbeitet mit vorhandenen Bildern aus dem Internet. Diese sind geprägt von Stereotypisierungen. Dazu gehören auch Stereotype bei der Darstellung von Alter, sozioökonomischen Umständen oder Körperbildern. Aufgrund der enormen Popularität von KI-Tools und eben auch Programmen zur Bildergenerierung erfahren diese Bilder einen Schub und eine Verbreitung, die noch vor Kurzem undenkbar waren. Es liegt an den Kreativen, die KI zu Vielfalt zu inspirieren und Bias nicht unbedacht weiterzuverbreiten.

Julie Body hat für die elf Bilder in diesem Buch mit Hunderten Prompts versucht, diese Vielfalt zu erzeugen und Klischierungen bei Farben, Objekten und Menschen zu vermeiden. Dieser enorme Aufwand verdeutlicht, dass uns KI eben nicht eine neue Welt eröffnet und erzeugt, sondern vielmehr bestehende Stereotype verstärkt und popularisiert. Es werden also auch in Zukunft die Energie und Fantasie von Kreativen benötigt werden, um die neue Bildwelt spannend, fair und inspirierend zu gestalten.

Was ist Prompting?

Prompts sind klare Anweisungen oder Stichworte, die der Nutzer oder die Nutzerin verwendet, um ein KI-Modell zu steuern und bestimmte Aufgaben ausführen zu lassen. Typischerweise wird das Prompting nicht in Programmiersprache, sondern in natürlicher Sprache ausgeführt, wodurch die Interaktion zwischen Mensch und Maschine intuitiver wird.

«Man muss das Frauenbild kritisch betrachten. Nicht nur im Boulevard-journalismus.»

Miriam Krekel ist Leiterin der Freetech Axel Springer Academy of Journalism and Technology. Sie ist die ehemalige Chefredaktorin der *B.Z. Berlin* und führte den EqualVoice-Faktor erstmals in Deutschland ein.

Als EqualVoice in der Schweiz eingeführt wurde, gab es in den Redaktionen begeisterte, aber auch kritische Stimmen. Wie war das Feedback aus der Redaktion der *B.Z.*, einer täglichen Publikation in Berlin?

Ich war erstaunt, wie offen alle damit umgingen. Ich hatte mehr Skepsis erwartet. Als ich das erste Mal davon erzählte, waren alle in erster Linie neugierig. Natürlich war da auch die Befürchtung: Müssen wir jetzt immer gewisse Zahlen erfüllen? Wie gross ist der Druck, diese zu erfüllen? Wie wird das kontrolliert? Und werden dadurch vielleicht auch die Geschichten schlechter? Aber ich konnte diese Ängste aus dem Weg räumen und sagen: Genau darum geht es nicht. Sondern es geht nur darum, sich einfach mal anzugucken: Wie ist das Geschlechterverhältnis in unserer Publikation? Was sehen wir da überhaupt? Und erst dann geht es darum, zu entscheiden, was man verändern kann

und was man vielleicht auch nicht verändern will. Diesen Punkt finde ich ganz wichtig. Und insofern verlief das Roll-out eigentlich sehr positiv.

Die *B.Z.* hat ja auch manche Instrumente eingeführt, wie die Expertinnenliste, die EqualVoice-Blattkritik und so weiter. Wie ist sie dabei vorgegangen?

Ja, in der Tat. Wir haben hierfür Isabel Herwig, die stellvertretende Onlinechefin bei der *B.Z.*, zur EqualVoice-Botschafterin ernannt. Sie hat sich sehr intensiv mit den einzelnen Ressorts auseinander- und zusammengesetzt. Sie hat auch regelmässig Newsletters für die ganze Redaktion geschrieben, sodass alle sehen konnten, was bezüglich EqualVoice gerade passierte. Und sie hat die EqualVoice-Faktoren der Ressorts analysiert und immer erklärt, welche Ergebnisse beispielsweise Einfluss auf das Ergebnis hatten.

Hat sich die Handschrift des Mediums durch die Einführung von EqualVoice verändert, behandelt man gewisse Themen jetzt anders?

Ich glaube, dass sich die Handschrift vorher schon verändert hatte, auch weil mehr Frauen in Führungspositionen sassen. Und weil Frauen grundsätzlich Geschichten anders erzählen. Das muss nicht immer eine weibliche Perspektive sein. Manchmal ist es aber vielleicht eine ausgeglichenere Perspektive. Ich glaube schon, dass da ein Unterschied besteht. Es hat sich aber durch EqualVoice noch mal etwas verändert. Als zum Beispiel unsere Politikchefin darüber schrieb, wie Menschen die Energieversorgung in ihren Häusern umstellen, hatte sie drei Firmenchefs, die eine solche Umstellung anbieten. Und sie dachte: Na gut, alle Chefs sind Männer. Aber ich habe noch zwei Expertinnen, die wir dazuholen und die sich zum Thema äussern können.

Beide übrigens in exponierten Führungspositionen. Dadurch wurde auch der Artikel inhaltlich vielfältiger. Das zeigt, wie dieses Umdenken funktioniert.

Wo, würden Sie sagen, liegt im redaktionellen Bereich die Grenze zwischen dem Bemühen nach Diversity und einer gewissen Form von Aktivismus?
Das hat für mich mit gesundem Menschenverstand zu tun. Unlogisch, ja sogar falsch und kontraproduktiv wird es in dem Moment, in dem man den Verstand ausschaltet und Entscheidungen trifft, ohne nachzudenken, weil man meint, irgendwelche Zahlen erreichen oder etwas abbilden zu müssen, ohne dass es inhaltlich Sinn ergibt. Wenn Menschen plötzlich blind loslaufen und Dinge umsetzen wollen, einfach nur, weil sie meinen, dass es jetzt so sein müsse – und das passiert leider oft –, wird es sehr schnell aktivistisch. Und das hilft niemandem.

Sie sind jetzt Leiterin der Journalistenschule von Axel Springer. Sehen Sie bei den jungen Leuten eher eine solche Tendenz in Richtung aktivistischen Journalismus?
Das ist tatsächlich ein Thema bei uns, das wir gerade auch mit den neuen Teams, die zu uns kommen, intensiv diskutieren. Ich würde es nicht aktivistischen Journalismus nennen, aber es besteht vor allem bei noch nicht ausgebildeten Journalisten und Journalistinnen der Hang, häufig die persönliche Meinung darzustellen. Hier versuchen wir, die Grenzen aufzuzeigen, also aufzuzeigen, an welcher Stelle das Sinn macht und an welcher Stelle es nicht hingehört.

Also sagen Sie, persönliche Erfahrung ist das eine, gesellschaftliches Problem ist das andere?
Genau. Und ich sage, dass, wenn sie Argumentation reinbringen, diese gut fundiert sein muss. Persönliche Betroffenheit, Emotionalisierung, Fakten und Meinungen von anderen sind verschiedene Ebenen und müssen unterschieden werden.

Sie haben jahrzehntelange Erfahrung im Boulevardjournalismus. Was, würden Sie sagen, kann die EqualVoice-Diskussion in diesem Ressort beitragen? Gerade da kommen Genderrollen ja so häufig zum Zug, man denke etwa an Frauen in Machtpositionen oder in Opferrollen.
An sich hat sich im Boulevard schon wahnsinnig viel verändert. Aber es gab mal diesen fürchterlichen Spruch, das ist Jahrzehnte her: «Im Boulevard sind Frauen entweder Opfer oder nackt oder tot.» Ich glaube, so ungefähr lautete er. Das ist schon lange nicht mehr so. Und trotzdem kann man das Frauenbild auch heute noch kritisch betrachten, und zwar nicht nur im Boulevardjournalismus. Das gilt genauso für die öffentlich-rechtlichen Medien. Ehrlich gesagt, kann man da noch viel dran drehen, um das zu ändern.

Wie würden Sie den modernen Boulevardjournalismus beschreiben? Welche Qualitäten sollte er haben?
Ich glaube, der Boulevardjournalismus der Zukunft braucht eine Offenheit für Veränderungen, für Liberalität. Boulevard muss nicht grundsätzlich stockkonservativ sein, um zu funktionieren. Ich glaube, es geht sogar genau andersherum, das haben bestimmte Journalisten und Journalistinnen gezeigt. Marion Horn etwa hat als *Bild*-Chefredaktorin bei der *Bild am Sonntag* die Themen verändert, mehr in Richtung «Sonntagmorgen-Familiengefühl». Dadurch hat sich die *Bild am Sonntag* irgendwann sogar von der *Bild* unterschieden, weil sie als Sonntagszeitung eben ein anderes Publikum anspricht, ein anderes Gefühl wiedergibt und damit auch manchmal ein anderes gesellschaftliches Bild spiegelt. Das fand ich ganz spannend.

Zum Abschluss noch eine lustige Anekdote aus der Zeit, als EqualVoice bei der *B.Z.* eingeführt wurde. Es ging um einen Hund namens Hannelore. Oder war es eine Katze?

Es war ein Hund. Ich glaube, es war sogar ein Kampfhund, genau. Bei der *B.Z.* verzeichneten wir in einem Monat mal sensationell gute Werte, also einen sensationellen EqualVoice-Faktor. Und zwar weil wir eine Geschichte über eine «Hannelore» hatten und Hannelore natürlich immer in der Zeile stand. Dadurch schoss allein schon der Teaser-Score hoch, das war natürlich fantastisch. Ausserdem wurde sie oft im Text erwähnt. Alle freuten sich fürchterlich – und sahen dann: Es ist eine Kampfhündin. Und wir realisierten, dass wir bei der Auswertung ganz genau hinsehen müssen, sonst ist sie fehleranfällig.

Auf dem Weg zu einer neuen Newsroomkultur

Jede Stimme zu hören, bedeutet auch, an einer inklusiven Sitzungskultur zu arbeiten, Karrieren und Beförderungskriterien zu analysieren und Talente sichtbar zu machen.

Dimensionen von Diversität

Die Diversität eines Teams anzustreben, gehört zu den wichtigen Schritten, um die Vision von EqualVoice zu unterstützen. Natürlich kann und soll eine Redaktion nicht nach Quoten besetzt werden; in einem immer kompetitiveren Arbeitsmarkt wäre das utopisch und auch nicht zielführend, um journalistische Ziele zu erreichen. Aber eine Chefredaktion oder Ressortleitung sollte analysieren, wie es um die Diversität im Team bestellt ist, und hinterfragen, warum möglicherweise immer die gleichen oder ähnlichen Personengruppen rekrutiert werden und manche Gruppen tendenziell nicht.

Um eine solche Diskussion seriös führen zu können, braucht es ebenfalls Daten. Gefragt ist Wissen darüber, wie Kandidatinnen und Kandidaten mit dem Rekrutierungsprozess in Kontakt gekommen sind, wie das Geschlechterverhältnis in den Redaktionen aussieht und wie viele Führungspositionen von Männern und wie viele von Frauen besetzt sind. Viele Medienhäuser stehen im Hinblick auf diese Form der Datenauswertung noch ganz am Anfang oder sind noch nicht über die reine Datensammlung hinausgekommen. Ganz im Sinne von: «Ja, wir sind nicht besonders divers, fühlen uns jedoch dem Thema verpflichtet.» Konkrete Schritte fehlen aber oftmals.

Die Reflexion kann in vielen Dimensionen vertieft werden: Wie sichtbar sind die einzelnen Redaktionsmitglieder mit ihren Themenideen? Wer spricht in einer Redaktionssitzung kaum, und wer dominiert jede Debatte? Wer kommentiert und spricht für die Redaktion? Wer tut dies auch öffentlich? Und damit eng verknüpft: Sind wir uns über den Effekt der Teamzusammensetzung auf den Bewerberinnen- und Bewerbermarkt bewusst? Welche Signale senden wir damit aus?

Diese Fragen werden in den nächsten Jahren noch an Aktualität gewinnen. Angesichts eines immer kompetitiveren Arbeitsmarkts - wohlgemerkt kämpfen vermehrt die Arbeitgeber um Talente und nicht mehr unbedingt umgekehrt - kann eine Positionierung in diesem Bereich nicht mehr aufgeschoben werden. Im Bemühen um eine diversere Redaktion können in einem ersten Check drei Dimensionen analysiert werden: Karrieren, Sitzungskultur und Repräsentation.

Diversere Karrieren

- Wen rekrutieren wir?
- Wen befördern wir?
- Wen fördern wir?

Ohne eine kritische Analyse des eigenen Rekrutierungsprozesses ist Diversität in der Redaktion nicht herzustellen. Nicht unproblematisch dabei: In der Medienindustrie funktioniert Rekrutierung oftmals spontan, das heisst, jene, die wieder «auf dem Markt sind», werden direkt angeschrieben und für einen Titel

*«Im War of Talents nicht
auch auf Frauen zu bauen,
ist schlicht ein Fehler.»*

Regula Bührer Fecker, Agentur-Gründerin
und Schweizer Werberin des Jahres

rekrutiert. Man kennt sich in der Branche – dies gilt ganz speziell für den überschaubaren Schweizer Markt.

Hier sollte öfter die Frage gestellt werden: Wen kennen wir eigentlich noch nicht? Es sollte im Interesse jeder Redaktion sein, neue Talente zu entdecken und auch jenen den Weg in den Journalismus zu ermöglichen, die noch nicht über ein Netzwerk in Medienunternehmen verfügen.

Ganz ähnlich, wie immer wieder dieselben Experten für Statements herangezogen werden, gibt es auch Rekrutierungsnetzwerke, die sich teilweise selbst perpetuieren. In den nächsten Jahren werden aber jene Redaktionen zu den stärksten gehören, die ihrer Rekrutierungsstrategie bereits jetzt neue Netzwerke und Kanäle hinzufügen. Auch wenn das zunächst aufwendiger erscheinen mag.

Das Einbeziehen neuer und jüngerer Verbände von Journalisten und Journalistinnen in den Rekrutierungsprozess kann sinnvoll sein. Die Dimensionen der Diversität sind hierbei vielfältig: Es gilt unterschiedliche Altersgruppen, aber auch unterschiedliche regionale Perspektiven zu berücksichtigen.

In der Debatte um Diversität im Journalismus spielt ausserdem die Diskussion um eine Elitisierung des Betriebs eine Rolle. Es lohnt, diesen Punkt zu reflektieren: Wie hat etwa der Hintergrund der einzelnen Redaktionsmitglieder deren Blick auf Themen geprägt? Wie können sie ihr Netzwerk erweitern, um jene Bereiche der Gesellschaft in die Redaktion zu holen, die bisher kaum repräsentiert sind, etwa Menschen mit Migrationshintergrund? Wie be-

hebt man den Missstand, dass jene, die sich keine Praktika leisten können, den Einstieg in die Redaktionen gar nicht schaffen?

Die Analyse geht auf der Ebene der Karriereverläufe weiter: Beispielsweise muss reflektiert werden, welche Gruppen in der Redaktion zu welchem Zeitpunkt aus ihrer Karriere aussteigen und warum das so ist. Dann sollte daran gearbeitet werden, Bedingungen zu schaffen, um solche Personengruppen im Beruf zu halten und ihnen eine Aufstiegsperspektive bieten zu können.

Auch die Mikroebene, etwa die Teilnahme der einzelnen Redaktionsmitglieder an Fortbildungen und das Wahrnehmen anderer Angebote, kann analysiert werden. Wenn beispielsweise eine Person nie daran teilnimmt, gibt es vielleicht Gründe, etwa Betreuungspflichten, die sie daran hindern. Wie also könnte das Angebot an diese Bedürfnisse angepasst werden? Weiterbildungen müssen sich an diverse Biografien in Redaktionen anpassen können und nicht nach dem Prinzip «One size fits all» funktionieren. Von diesen Hürden bei einem Austrittsgespräch zu erfahren oder erst bei der Kündigung nachzufragen, was das Problem gewesen sei, ist zu spät.

Diversere Sitzungskultur

- Wer meldet sich mit Themeninputs?
- Wer spricht in Redaktionssitzungen?
- Wer bewertet Themen?

Die Redaktionssitzung ist die Arena, in der das publizistische Profil eines Mediums geprägt wird. Wer in der Redaktionssitzung seine Themen gekonnt präsentiert und die Redaktion überzeugt, ist im Medium sichtbar. Ablauf und Struktur von Redaktionssitzungen sollten daher immer wieder analysiert werden: Wer spricht am meisten? Welche Redaktionsmitglieder halten sich zurück und warum? Von wem kommen kaum Themen, und wie sieht der effektive Output der Redaktorinnen und Redaktoren aus?

Redaktionssitzungen sollten so gestaltet werden, dass sie das Potenzial und den Input aller Mitglieder sichtbar und hörbar machen. Vor allem Einsteigerinnen und Einsteiger dürfen nicht unter die Räder kommen oder vom Setting abgeschreckt werden. Unterstützend können hier Tools genutzt werden, mit deren Hilfe Themenvorschläge aller gleichrangig nebeneinanderstehen und die Themenwahl nicht davon abhängt, wer sich in der hitzigen Redaktionssitzung durchsetzen kann.

CvD-Wochenleiter bzw. -Wochenleiterinnen und andere, die über die Platzierung von Themen entscheiden und als Gatekeeper der Redaktion fungieren, sollten für das Thema sensibilisiert werden. Führungskräfte in Redaktionen sollten gezielt jene bestärken, die bei Sitzungen in eine unauffällige Rolle abgleiten. Auch hier ist Dialog gefragt: Was sind die Gründe dafür? Wie kann Unterstützung geboten werden?

Es wird eine der Herausforderungen, aber auch eine der Chancen der nächsten Jahre sein, die «Stillen» in den Sitzungen besser abzuholen und ihre Themenideen und Gedanken sichtbar und hörbar zu machen. Wenn in einer Sitzung mit 40 Personen, virtuell oder analog, immer nur die Gleichen sprechen, läuft etwas schief. Und es ist verschenktes Potenzial an Ideen und Gedanken, die das Produkt besser machen könnten.

Für Menschen, die sich um die Zukunft von Newsrooms Gedanken machen, wäre dies ein lohnendes Projekt: Wie können Silent Voices in Redaktionen gehört werden, ohne sie in eine Rolle zu drängen, die ihnen nicht entspricht oder behagt? Wie können Themen gesammelt, gewichtet und gemeinsam verbessert werden? Und welche Tools können hierfür genutzt werden?

In dieser Frage stehen Redaktionen noch ganz am Anfang. Und diese Ziele bringen erst mal mehr (Führungs-)Arbeit mit sich und eventuell auch mehr Diskussionen. Langfristig lohnt sich der Aufwand aber, weil er das ganze Potenzial der Redaktion freisetzt und sich mehr Redaktionsmitglieder ermutigt und ermächtigt fühlen, ihre Themen anzubringen und umzusetzen.

Auch durch einen respektvollen und konstruktiven Ton in den Sitzungen werden Neueinsteigerinnen und Neueinsteiger ermutigt und ihre Themen gefördert. Die Redaktionssitzung im Stil schlechter TV-Serien aus den Achtzigerjahren mit cholerischen Vorgesetzten und Schreiduellen gehört der Vergangenheit an. Der lauteste Journalist, die lauteste Journalistin ist nicht unbedingt der oder die mit der besten Story.

Nicht zu vernachlässigen ist schliesslich das Timing der Sitzungen selbst. Wie sinnvoll sind Sitzungen nach 17 Uhr? Wer wird damit aufgrund von Betreuungspflichten automatisch davon ausgeschlossen? Welche anderen redaktionellen Abläufe und Strukturen sind so gebaut, dass sie für jene ohne Betreuungspflichten einfach zu handeln sind und für jene mit Betreuungspflichten viel schwieriger?

Diversere Repräsentation

- Wer ist sichtbar?
- Wer kommentiert?
- Wer steht in der Öffentlichkeit?

Redaktionen wirken nicht nur über ihr Produkt nach aussen, sondern auch über ihre Akteurinnen und Akteure selbst. Wer etwa in sozialen Netzwerken sichtbar ist, auf Podien die Redaktion repräsentiert und in Interviews mit anderen Medien die eigene Profilierung vorantreibt, prägt das Bild einer Marke. Diese Gesichter der Redaktion senden auch ein Signal an das bestehende Publikum und an das Publikum, das man eventuell noch gewinnen will: Das sind die Gesichter, die diese Marke symbolisieren, sie sind kompetent, eloquent - und divers.

Das ist auch ein Signal an potenzielle Bewerberinnen und Bewerber. Wenn jemand sichtbar ist und für eine Redaktion und einen Titel spricht, wird diese Person jene inspirieren, die ihr ähnlich sind. «You can be what you can see»: Das Motto gilt auch hier.

Umso mehr gilt es, diese öffentliche Präsenz auch bei Gegenwind oder Diffamierungen zu unterstützen. Wenn Journalistinnen sich aus sozialen Medien zurückziehen, weil sie ähnlich wie Expertinnen mit unsachlichen Kommentaren belästigt und attackiert werden, stehen Redaktionen in der Pflicht, die Kolleginnen darauf vorzubereiten und klarzumachen: Eure Stimme muss

Praxis-Case: *Beobachter*

In vielen Titeln unterstützt die EqualVoice-Initiative Entwicklungen, die bereits vor ihrem Start debattiert wurden. Oftmals gibt sie auch Anlass, in Arbeitsgruppen über die publizistische Diskussion hinaus Fragen nach Gleichstellung und Genderdiversität zu besprechen. So etwa beim Magazin *Beobachter,* das mit seinen investigativen Recherchen und vielfältigen Beratungsangeboten Hunderttausende Leserinnen und Leser in der Schweiz erreicht.

Zur Zeit des Frauenstreiks 2019, der auch für die EqualVoice-Initiative ein wichtiger Katalysator war, benannte sich das Magazin auf Betreiben der Arbeitsgruppe Gleichstellung einmalig in *Beobachterin* um. Die Arbeitsgruppe hat seitdem viele Initiativen vorangetrieben, die als Vorbild für andere Medien gelten können.

Umgetauft

Der *Beobachter* nannte sich im Vorfeld des Frauenstreiks 2019 *Beobachterin.* Auch im Jahr 2023 erfolgte eine Umbenennung in die weibliche Form.

Der Prozess des *Beobachter* war systematisch und umfasste die ganze Redaktion. Gestartet wurde mit einer Umfrage unter allen Mitarbeitenden, die eine hohe Rücklaufquote verzeichnete. Gefragt wurde, welche Veränderungen vorgenommen werden könnten, um mehr Gleichstellung zu erreichen. Daraus ist ein ganzes Bündel von Massnahmen entstanden:

- Ein Workshop für Frauen, der sie dabei unterstützt, wirkungsvoll aufzutreten. Dadurch werden die Karrierechancen von weiblichen Redaktionsmitgliedern erhöht und das langfristige Ziel, mehr Frauen in Führungspositionen zu bringen, gefördert.
- Die Arbeit an einem Sprachleitfaden, in dem die Ansprüche des *Beobachter*-Magazins an die eigene Sprache und die Einhaltung von Fairness und Diversitätskriterien sichergestellt werden.
- Die Analyse und Behebung von Ungleichheiten in Arbeitsverträgen und im Pensionskassenreglement. Denn glaubwürdig kann EqualVoice nur eingeführt und gefördert werden, wenn das Unternehmen Diversität und Fairness nicht nur in seinen Publikationen anstrebt, sondern auch innerhalb der Organisation verwirklicht.
- Die teilweise Anpassung von Sitzungszeiten, um eine bessere Vereinbarkeit von Beruf und familiären und privaten Verpflichtungen zu ermöglichen. Sitzungszeiten nach 17 Uhr sind dafür etwa völlig kontraproduktiv und hemmen Aufstiegs- und Karrierechancen von Mitarbeitenden mit Betreuungspflichten.

- Die erweiterte Mitsprache bei Themensitzungen mithilfe einer Groupe de réflexion. Denn die Reflexion über die Fairness bei Sitzungen und das Bemühen, auch jene zu Wort kommen zu lassen und hörbar zu machen, die normalerweise nicht das Wort führen, ist ein entscheidender Faktor.

Zudem wurde aus der *Beobachter*-Redaktion heraus die Umbenennung von Sitzungszimmern im Medienpark in Zürich, wo die Publikationen von Ringier und Axel Springer produziert werden, gefordert, denn fast alle Sitzungszimmer waren nach Männern benannt.

Das Engagement des *Beobachter* dreht sich um publizistische Fragen und natürlich um die Interpretation und Analyse des EqualVoice-Faktors, aber es geht weit darüber hinaus und umfasst nicht nur das Endprodukt, sondern die Redaktion als Ganzes auf dem Weg hin zu mehr Fairness und Diversität.

Dieser Punkt ist essenziell: Die angemessene und faire Darstellung von Frauen in Medien ist wichtig, aber für Redaktionen und auch ihre Attraktivität auf dem Arbeitsmarkt ist es ganz entscheidend, dass Fairness und Diversität auch in der Produktionsphase gelebt werden. Wird eine Redaktion von einer Gruppe dominiert und kommen Stimmen, etwa in Redaktionssitzungen, systematisch nicht zu Wort, geht sehr viel verloren. Auch publizistische Chancen werden vertan. Und es wird schwer werden, neue weibliche Stimmen, aber auch Stimmen anderer unter- oder nichtrepräsentierter Gruppen zu rekrutieren.

Die Branche muss sich wandeln – auch im eigenen Interesse.

präsent bleiben, Bösartigkeiten in Kommentarspalten dürfen zu keinem Rückzug der weiblichen Redaktionsmitglieder von diesen Plattformen führen.

Nicht zu unterschätzen ist das Signal nach innen: Wenn eine Redaktion die eigene Diversität sichtbar macht, wird das andere Redaktionsmitglieder ermutigen, sich zu Wort zu melden und sich aktiv an den internen und externen Debatten zu beteiligen. Eine ganz wichtige Rolle spielen hierbei, wie in jedem anderen Unternehmen auch, die interne Kommunikation und die Pressestellen. Denn diese bestimmen, wer in Medienmitteilungen erwähnt wird, wessen Projekte gefeaturt werden und wer in der internen Kommunikation zu Wort kommt. All das kann mit dem EqualVoice-Faktor analysiert werden (mehr zur internen Kommunikation auf Seite 117). Der Blick auf jene, die (noch) nicht sichtbar sind, lohnt sich und macht das Unternehmen inklusiver.

Gleiches gilt für die Kommentarseiten und Ressorts in den Redaktionen. Wenn Themen immer nur von der gleichen Gruppe kommentiert werden, verzichtet man auf spannende neue Perspektiven. Die Öffnung der Kommentare für möglichst alle Redaktionsmitglieder sollte ein Ziel sein. Jeder Journalist und jede Journalistin muss die Chance haben, die eigene Position meinungsstark darzustellen.

Oft unterschätzt werden ausserdem Stellenausschreibungen. Auch diese prägen die Sichtbarkeit und das Bild des Mediums, zumindest auf dem Arbeitsmarkt. Um etwa mehr Frauen zu erreichen, hilft es, über Stellenbeschreibungen klug nachzudenken, auch mithilfe externer Beratungsstellen wie zum Beispiel Witty Works in Zürich. Aus der Praxis hat sich zudem bewährt, den Fokus in Ausschreibungen zu akzentuieren. So können Jobausschreibungen wie «Reporter/Reporterin für Nachhaltigkeitsthemen oder Klimaberichterstattung» neue Profile anziehen. Es gilt also, Stellen kreativer, konkreter und genauer zu beschreiben und auszuschreiben. Nur so kann im immer kompetitiveren Arbeitsmarkt ein breiter Pool von Kandidaten und Kandidatinnen angesprochen werden.

Walk the Talk – auch intern

Viele der beim *Beobachter* (siehe Box) beschriebenen Massnahmen weisen auf wichtige Punkte hin, die bei der Einführung von EqualVoice immer wieder debattiert werden. Die Diskussion wächst über die publizistische Ebene hinaus. Die Anforderungen an Führungskräfte, die deklarierten Ansprüche in punkto Gleichstellung nicht nur in Medien abzubilden, sondern selbst zu leben, steigen. «Walk the Talk» wird zum Motto und zur Erwartungshaltung der Mitarbeitenden.

Das führt zu einer interessanten Dynamik. Von nun an wird jede Personal- oder strategische Entscheidung auch durch die EqualVoice-Brille betrachtet: Wurden für eine Stelle genügend Kandidatinnen angehört? Zahlt ein Engagement auf das Ziel von mehr Diversität ein?

Die Erfahrung bei Ringier zeigt: Ist die Debatte über Diversität einmal lanciert, findet sie viele Ausprägungen, auch völlig überraschende. Stoppen lässt sie sich aber nicht. Führungskräfte und Chefredaktionen müssen bereit sein, sich diesen Diskussionen zu stellen. Von der Gesellschaft werden sie ohnehin an Marken und Unternehmen herangetragen. Umso wichtiger ist, dass sie auch intern thematisiert werden.

Die Bereitschaft, in diesen Dialog zu treten, ist für Unternehmen, die EqualVoice nutzen, entscheidend. Der EqualVoice-Faktor kann noch so gezielt analysiert werden – das Engagement für Gleichstellung muss auch intern glaubwürdig gelebt werden.

«Ist das EqualVoice?»

Immer wieder wurde in den Jahren, seit die Initiative besteht, der Ausspruch getätigt: «Das ist nicht EqualVoice.» Dieser Satz fiel in Redaktionssitzungen, Slack-Channels und Google-Chats, über die in der Redaktion kommuniziert wird.

Worum geht es bei diesem Ausspruch? Einerseits um inhaltliche und auf das Produkt fokussierte Themen, etwa die Auswahl eines Bilds, die Schlagzeile über einem Artikel oder andere inhaltliche Aspekte. Kurzum um Stereotypisierungen in der Berichterstattung, die von Redaktionsmitgliedern, aber auch vom Publikum nicht mehr einfach hingenommen werden (siehe dazu auch das Interview mit Katia Murmann, Seite 38).

Es geht andererseits aber auch um ein modernes Führungsverständnis, um die Behandlung von Redaktionsmitgliedern, um die Kommunikationskultur in Sitzungen und Teams. Dieses Führungsverständnis und die Newsroomkultur haben sich in den letzten Jahren stark verändert. Heute sind Hierarchien flacher, Teams setzen sich oft für ein Projekt zusammen, die Arbeit ist agiler, digitaler, datengetriebener geworden.

Die Ansprüche an Führungspersonen haben sich radikal gewandelt, und die Erwartungen der Mitarbeitenden sind andere. Die Branche muss hier einen Wandlungsprozess vorantreiben – auch im eigenen Interesse. Ansonsten wird sie es nicht schaffen, künftig genug Talente und junge Menschen anzuziehen und als Arbeitgeberin attraktiv zu bleiben. Rückläufige Zahlen beim journalistischen Nachwuchs, ein Fachkräftemangel und immer mehr Journalistinnen und Journalisten, die die Branche ganz verlassen, unterstreichen diese Dringlichkeit.

Und obschon EqualVoice ein datengetriebenes Tool ist, das auf das Produkt fokussiert, wird es oftmals auch als ein Startpunkt für Debatten über die Newsroomkultur genutzt: «Ist das EqualVoice?» Denn die Transformation des Newsrooms und der Medienbranche an sich läuft nicht nur über die Schiene der Digitalisierung, sondern auch über eine Modernisierung der Führungs- und Kommunikationskultur innerhalb der Redaktionen.

EqualFrame: Was fragen wir?

Die Diskussion über Diversität als publizistische Dimension erfasst alle Genres im Journalismus und geht über die Zahlen des EqualVoice-Faktors hinaus. Unter dem Stichwort EqualFrame wird über Bildsprache, qualitative Fragen der Publizistik, die nicht mit Zahlen und KI erfasst werden können, debattiert und gestritten. Im Zentrum der Diskussionen steht dabei immer wieder die Reflexion über Interviewfragen.

Das Interview gehört zu den wichtigsten journalistischen Formaten. Das Recht, den Mächtigen und Wichtigen, ja selbst den höchsten Autoritäten jede noch so kritische Frage stellen zu können, ist die Essenz der journalistischen Arbeit und die Kernaufgabe, die die bürgerliche Gesellschaft den Medienschaffenden bei der Etablierung des Medienwesens übertragen hat. Daher ist es besonders sensibel, über Interviewfragen nachzudenken und sie unter dem Aspekt der Diversität und Chancengleichheit zu betrachten.

Der Interviewer oder die Interviewerin nimmt im Moment, in dem er oder sie einer wichtigen oder interessanten Person gegenübersitzt, die Rolle des Publikums ein. Er oder sie fragt eine Bundesrätin oder einen Star das, was jemand aus dem Publikum nicht so einfach und vor allem nicht so ausführlich fragen kann. In dem Sinne ist die Rolle des Interviewers, der Interviewerin immer an die Erwartungen des Publikums und an gesellschaftliche Vorlieben gekoppelt.

Es versteht sich von selbst, dass Interviews sich verändern. Was vor Jahrzehnten noch selbstverständlich gefragt wurde, ist inzwischen gesellschaftlich überholt oder interessiert den Leser, die Leserin eventuell gar nicht mehr. Wie also haben sich Interviewfragen in den letzten Jahren verändert? In welchen Fragen drückt sich etwas aus, das nicht mehr zeitgemäss ist? Und muss es dann geändert werden?

«Wie haben Sie das geschafft?»

Eine Frage, die inzwischen mit mehr Reflexion gestellt wird, ist jene an eine berufstätige Frau, wie sie Beruf und Familie vereinbart. Eine unschuldig erscheinende Frage, die Männern so viel seltener gestellt wurde (und teilweise noch wird). Überhaupt unterscheiden sich Fragen, die Männern respektive Frauen gestellt werden, gewaltig. Das zeigt etwa die Interviewreihe des Finanzportals ElleXX, in der Männer mit typischen Frauenfragen konfrontiert werden und so geschickt Klischees und Vorurteile über Geschlechter dekonstruiert werden. Erst bei der Lektüre solcher Interviews wird deutlich, welche Genderbias über manchem Interview schweben und wie sie Fragen mitprägen.

Wenn eine Managerin heute danach gefragt wird, wie sie den beruflichen Aufstieg trotz Familie geschafft hat - und ein Manager nicht danach gefragt wird -, spiegelt sich darin die gesellschaftliche Auffassung, dass die Frau über die Doppelbelastung von Familie und Karriere Auskunft geben und auch Rechenschaft ablegen muss und ein Mann nicht.

Problematisch ist nicht die Frage per se. Sie kann relevant sein und in einem Interview, das über rein geschäftliche Themen hinausgeht, die Gesamtheit einer Person verstehen helfen. Problematisch ist sie aber, wenn sie nur Frauen gestellt wird und nur Frauen in einen öffentlichen Rechtfertigungsdruck kommen, sie zu beantworten. Wer hingegen Männern diese Frage stellt, gibt ihnen gleich viel Verantwortung und traut ihnen auch eine Antwort zu.

Nicht ohne Grund entwickeln sich solche Interviews in den letzten Jahren immer wieder zu einem Spiel mit Rückfragen, wenn sich etwa Akteurinnen wie die ehemalige finnische Premierministerin Sanna Marin oder die ehemalige neuseeländische Premierministerin Jacinda Ardern weigern, auf die dahinterstehende Logik der Frage einzusteigen, und eine Reflexion über die Frage einfordern (siehe dazu Seite 96).

Nun liegt es natürlich nicht an der interviewten Person, die Fragen eines Journalisten oder einer Journalistin zu kommentieren und zu bewerten. In den Diskussionen über solche Fragen, die typischerweise nur Frauen gestellt werden, drückt sich aber ein Stimmungswandel in der Gesellschaft aus. Medien steht es frei, auf diesen zu reagieren oder eben auch nicht.

Die interessanten Antworten erhalten aber wohl jene Journalistinnen und Journalisten, die unerwartete Frage stellen. Wer ein gutes Interview führen will, ist erstens bestens vorbereitet und kennt die Schattierungen eines Charakters oder einer Karriere bereits vor dem Gespräch möglichst genau. Zweitens kann der hervorragende Interviewer, die hervorragende Interviewerin aus der Situation und dem Dialog heraus dem Gegenüber besonders Interessantes entlocken, das nur in einem Interviewsetting enthüllt wird.

EqualVoice in einem Interview anzuwenden, heisst daher nicht, jedem Interviewpartner, jeder Interviewpartnerin die gleichen Fragen zu stellen, sondern offen auf die Diversität in jedem Charakter einzugehen und sich auch auf Ambiguitäten einzulassen. Wer sich hingegen Geschlechterklischees und Stereotype bedient, macht es sich zu einfach. Klischees und Stereotype sind ein Merkmal journalistischer Faulheit.

Die Ein-Million-Franken-Frage: Was tun mit Sexinseraten?

Die Diskussionen, die EqualVoice ausgelöst hat, machten auch vor einem speziellen Thema nicht halt: den Sexinseraten des *Blick*. Noch während der Anfangszeit von EqualVoice erschienen online und in der gedruckten Ausgabe des *Blick* Inserate, in denen Sexarbeiterinnen ihre Dienstleistungen anboten. Auch aufgrund des Engagements von Ringier beim Thema EqualVoice stiegen die Beschwerden zu diesem Werbeformat deutlich an.

Solange solche Inserate in einem Ringier-Medium erscheinen, könne man das Engagement des Verlags für mehr Gleichstellung von Frauen nicht ernst nehmen, so die immer wieder formulierte Kritik auch von Ringier-Angestellten. «Das ist nicht EqualVoice.»

Damit setzten sich auch die EqualVoice-Initiatorinnen auseinander. Zu klären war die Frage, wie mit klar sexistischer Werbung umzugehen sei, die pro Jahr etwa eine Million Franken einbrachte, und gleichzeitig glaubwürdig Diversität und die Gleichstellung der Geschlechter beim *Blick* voranzubringen.

Die EqualVoice-Initiatorinnen führten die Diskussion über die Sex-Inserate bis zum Group Executive Board, also dem Führungsgremium des Verlags. Dabei wurde klar: EqualVoice geht längst über das Zählen von Frauen in den Medien hinaus. Ein Thema, das streng genommen nichts mit dem ursprünglichen Tool zu tun hat, rückte im Rahmen der EqualVoice-Debatte ins Rampenlicht.

«Ich rekrutiere»: Welche Netzwerke zapfe ich bei der Rekrutierung an
und wie divers sind die Neueinsteigerinnen und Neueinsteiger?

Dass eine Diversitätsinitiative dazu führen sollte, dass man Werbegelder nicht mehr annimmt, die jahrelang verlässlich geflossen waren, war neu – und passierte wohl erstmals in der Schweizer Medienbranche. Es drückt aus, dass das Engagement viel tiefgreifender wirkt als die reine Auszählung des Frauenanteils in den Artikeln.

Die Sexwerbung im *Blick* wurde zuerst online abgeschaltet und schliesslich auch im Print abgeschafft. Das Versprechen an die Verlagsführung lautete: Die Million Franken, die dadurch wegfällt, sollte durch andere Werbepartner, die sich etwa für das Thema Diversität engagieren, ersetzt werden. Ein grosses Ziel, das nach einigen Monaten, in denen sich Firmen beim Thema Diversität noch eher zurückhaltend zeigten, erreicht worden ist.

Sexistische Werbung

Die Diskussion, ob auf Werbegelder verzichtet werden soll, wenn die Werbeinhalte den Unternehmenswerten widersprechen, wird inzwischen in vielen Medienhäusern geführt. Und das in einer Zeit, in der die meisten Verlage aufgrund des Rückgangs der Printerlöse stark unter Druck sind.

Im Fokus steht beispielsweise Werbung, die Firmen schalten, die einen hohen CO_2-Ausstoss verursachen, etwa Airlines oder Kreuzfahrtunternehmen. Die Forderung von manchen Agenturen und auch Aktivistinnen und Aktivisten lautet: Anzeigenpreise sollen für CO_2-intensive Firmen höher sein als für Firmen, die klimafreundlicheres Verhalten zeigen. Ein Kreuzfahrtanbieter müsste demnach tiefer in die Tasche greifen als ein Anbieter eines umweltfreundlicheren Produkts. Diese Forderung wurde beispielsweise auf dem Responsible Media Forum 2022 in London geäussert (wo auch EqualVoice ein Thema war). Sie wurde von einem Publikum aus Werbetreibenden, Medienschaffenden und Journalismusstudierenden positiv beurteilt.

Könnten also – auf das Thema Gender und Diversität angewandt – auch Anzeigen, die sexistische Motive nutzen oder stereotype Geschlechterrollen propagieren, anders bepreist sein als solche, die gendersensibel sind? Könnte es gar einen Rabatt geben für Werbungen, die besonders kreativ mit Stereotypen brechen?

Hier beginnt eine Debatte, die Medien als Werbeträger in einer sehr verantwortlichen, aber auch teilweise aktivistischen Rolle begreift. Sie könnte Medienunternehmen dem Vorwurf aussetzen, als moralische Instanz wirken zu wollen und Werbekunden und -kundinnen zu diskriminieren. Dabei gab es für Werbung immer schon gewisse Standards. Gesundheitsschutz, Schutz von Kindern und Massnahmen gegen extremistische Inhalte kennt die Werbebranche seit Langem. Aber was taugen Regeln für klimafreundliche oder gendersensible Werbung?

Die Diskussion wurde bisher vor allem im Hinblick auf Werbung auf grossen Social-Media-Plattformen wie Facebook und Co. geführt. Sie wird sich aber auf Print- und Onlinemedien ausweiten.

Bei den Sex-Inseraten des *Blick* war die Entscheidung einfacher, weil klarer. Wenn in der Medienberichterstattung ein besonderes Augenmerk auf die Darstellung von Frauen gelegt wird und mehr Expertinnen zu Wort kommen sollen, passt es nicht ins Gesamtprodukt, auf einer ganzen Seite schlüpfrige Erotikinserate abzudrucken.

Bei anderen Werbeformen ist die Entscheidung uneindeutiger: Wenn Anzeigen Frauen respektlos darstellen, werden sie natürlich abgelehnt – aber kann eine stereotype Darstellung dafür schon ausreichen? Und kann bzw. soll ein Medienhaus überhaupt eine solche bewertende Funktion einnehmen?

Die Debatte kann wohl nur zusammen mit der Werbebranche, mit Agenturen und Auftragnehmerinnen und Auftragnehmern geführt werden. Werbung ist, genauso wie es die Medien sind, eng an die Gesellschaft gekoppelt und muss sich mit dem kritischen Feedback des Publikums auseinandersetzen.

Klar festzustellen ist, dass sich in der Agenturwelt bereits eine breite Debatte abspielt, die Gender und Diversität beinhaltet. Das Gislerprotokoll, eine Initiative, in deren Rahmen die wichtigsten Schweizer Werbeagenturen das Thema diskutieren und bei Branchentreffen analysieren, zeigt, dass das Thema nicht nur auf Medien begrenzt ist.

Kurzum: Medien tun momentan eher gut daran, ihre Inhalte in puncto Diversität zu verbessern und zusammen mit Agenturen, der Werbekundschaft und Branchenverbänden die Debatte zu befördern. Denn dass es in den nächsten Jahren Veränderungen und auch neue Branchenstandards geben wird, ist zu erwarten.

«Es kommt fast zwangs-
läufig die Frage, wie ich
es so weit gebracht habe.»

Marie-France Tschudin war President Innovative Medicines International & Chief Commercial Officer beim Pharmakonzern Novartis.

Medien betitelten Sie als «mächtigste Frau der Schweizer Wirtschaft». Was halten Sie als prominente Managerin in der Pharmabranche von der Art und Weise, wie Frauen im Wirtschaftsjournalismus dargestellt werden?

Ich denke, dass es manchmal die Tendenz gibt, auf die traditionellen Fragen zurückzugreifen, zum Beispiel auf die Frage, wie Frauen ihren Beruf und ihre Familie unter einen Hut bringen. Oder wie Frauen es schaffen können, die gläserne Decke zu durchstossen. Indem nur diese altbekannten Fragen gestellt werden, verstärken wir die Stereotype eher. Es wäre schön, wenn wir den Spiess umdrehen und über weibliche Qualitäten am Arbeitsplatz und ihre Vorteile sprechen könnten. Natürlich sind das Verallgemeinerungen, aber meiner Erfahrung nach sind Frauen oft aktive Zuhörerinnen, einfühlsame Führungspersönlichkeiten und grossartige Mitarbeitende. All das

zusammen trägt dazu bei, dass es ihnen gelingt, Vertrauen zu schaffen, und Vertrauen ist ein guter Nährboden für Ambition und Erfolg. Lassen Sie uns also den Diskurs ändern und darauf fokussieren, wie Frauen ihr Potenzial ausschöpfen, anstatt nur darauf, wie sie irgendwie zurechtzukommen.

Glauben Sie, dass in den Wirtschaftsmedien Geschlechterstereotype vorherrschen, oder haben Sie in den letzten Jahren in dieser Hinsicht eine Veränderung festgestellt?

In der Gesellschaft hat sich definitiv ein Wandel vollzogen, und ich denke, dass sich diese Veränderungen in den Medien allmählich widerzuspiegeln beginnen. Ich denke auch, dass Führungskräfte in der Wirtschaft die Verantwortung haben, mit gutem Beispiel voranzugehen.

Haben Sie am Arbeitsplatz oder bei der Berichterstattung über Ihre Leistungen schon einmal Voreingenommenheit oder geschlechtsspezifische Vorurteile erlebt?

Auf jeden Fall, ja. Ich glaube, dass jede Frau, die schon eine Weile in der Branche tätig ist, so etwas in irgendeiner Form schon erlebt hat. Wenn es um meine Position und meine Leistungen geht, mündet die Berichterstattung in den Medien fast zwangsläufig in die Frage, wie ich es so weit gebracht habe – als ob meine Karriere eine Besonderheit sei, die einer Erklärung bedürfte. Mir wäre es lieber, es würde über meinen Führungsstil berichtet oder darüber, was ich gut oder anders mache, ohne dass mein Geschlecht eine Rolle spielt. Aber wenn ich auf meine 30-jährige Karriere zurückblicke, denke ich, dass die Entwicklung eindeutig positiv ist. Die Voreingenommenheit, was das Geschlecht anbelangt, ist nicht mehr so ausgeprägt wie früher. Es kann gut sein, dass es nie gelingen wird, Vorurteile vollständig auszuräumen. Aber was wir wirklich angehen und beseitigen können, ist die Diskriminierung.

Wie können die Medien Ihrer Meinung nach dazu beitragen, geschlechtsspezifische Vorurteile in der Geschäftswelt und in der Gesellschaft im Allgemeinen abzubauen?
Oft wird von Frauen fast erwartet, dass sie ihre Anwesenheit in der Führungsetage auf irgendeine Weise rechtfertigen. Das Ziel muss sein, dass es sowohl für Männer als auch für Frauen normal ist, in ihren Unternehmen aufzusteigen. Dazu gehört auch die Wertschätzung der Beiträge, die ein vielfältiges Führungsteam leisten kann. Eine in der *Harvard Business Review* veröffentlichte Studie zeigt beispielsweise, dass Frauen bei vielen Führungsqualitäten besonders gut abschneiden, zum Beispiel dabei, die Initiative zu ergreifen, belastbar zu sein, sich eigenständig weiterzuentwickeln, Ergebnisse zu erzielen und integer und ehrlich zu sein. Die Medien können die Chancengleichheit von Männern und Frauen fördern, indem sie durch ihre Berichterstattung dazu beitragen, dass talentierte weibliche Führungskräfte nicht als Ausnahme wahrgenommen werden, sondern als effektive Führungspersönlichkeiten.

Die Sichtbarkeit von Frauen in den Medien ist die eine Seite. Die Sichtbarkeit von weiblichen Führungskräften in den Unternehmen selbst ist die andere. Wie können Unternehmen die Sichtbarkeit und die Karrieren von Frauen fördern?
Das ist etwas, an dem aktiv gearbeitet werden muss. Die Unternehmen haben die Pflicht, sich für dieses Ziel einzusetzen. Irgendwann könnte es zur Selbstverständlichkeit werden, aber zum jetzigen Zeitpunkt glaube ich nicht, dass das bei in vielen Unternehmen der Fall ist. Es geht also darum, dass die Unternehmen sehr genau darüber nachdenken müssen, wofür sie stehen und was ihre Werte sind, und dass sie nicht nur von diesem Credo sprechen, sondern es im nächsten Schritt dann auch wirklich leben und umsetzen.

Welchen Rat würden Sie jungen Frauen geben, die am Anfang ihrer Karriere stehen, insbesondere denjenigen, die mit Geschlechterstereotypen und Vorurteilen in den Medien oder am Arbeitsplatz konfrontiert sind? Wie können sie diese Herausforderungen überwinden und in ihrem Bereich erfolgreich sein?
Das Erste, was ich sagen würde, ist, dass sie einfach sie selbst sein sollten. Man wird ihnen vielleicht sagen, dass sie sich

ändern sollten, also anders handeln, reden oder sich kleiden sollten. Das alles sollten sie ignorieren. Denn es wird immer jemanden geben, der sagt, dass das, was sie tun, nicht gut genug ist. Sie sollten sich selbst treu bleiben.

Das Zweite ist, dass sie ein wenig Mut brauchen werden. Sie sollten sich durch aufgeplusterte Egos und prahlerisches Gehabe nicht einschüchtern lassen. Sie sollten sich von niemandem unterkriegen lassen. Oft sind es gerade die grössten Angeber, die am meisten zu lernen haben. Es ist absolut in Ordnung, bescheiden zu sein, aber es ist auch wichtig, Vertrauen in die eigenen Fähigkeiten zu haben, stark zu bleiben und die richtigen Risiken einzugehen.

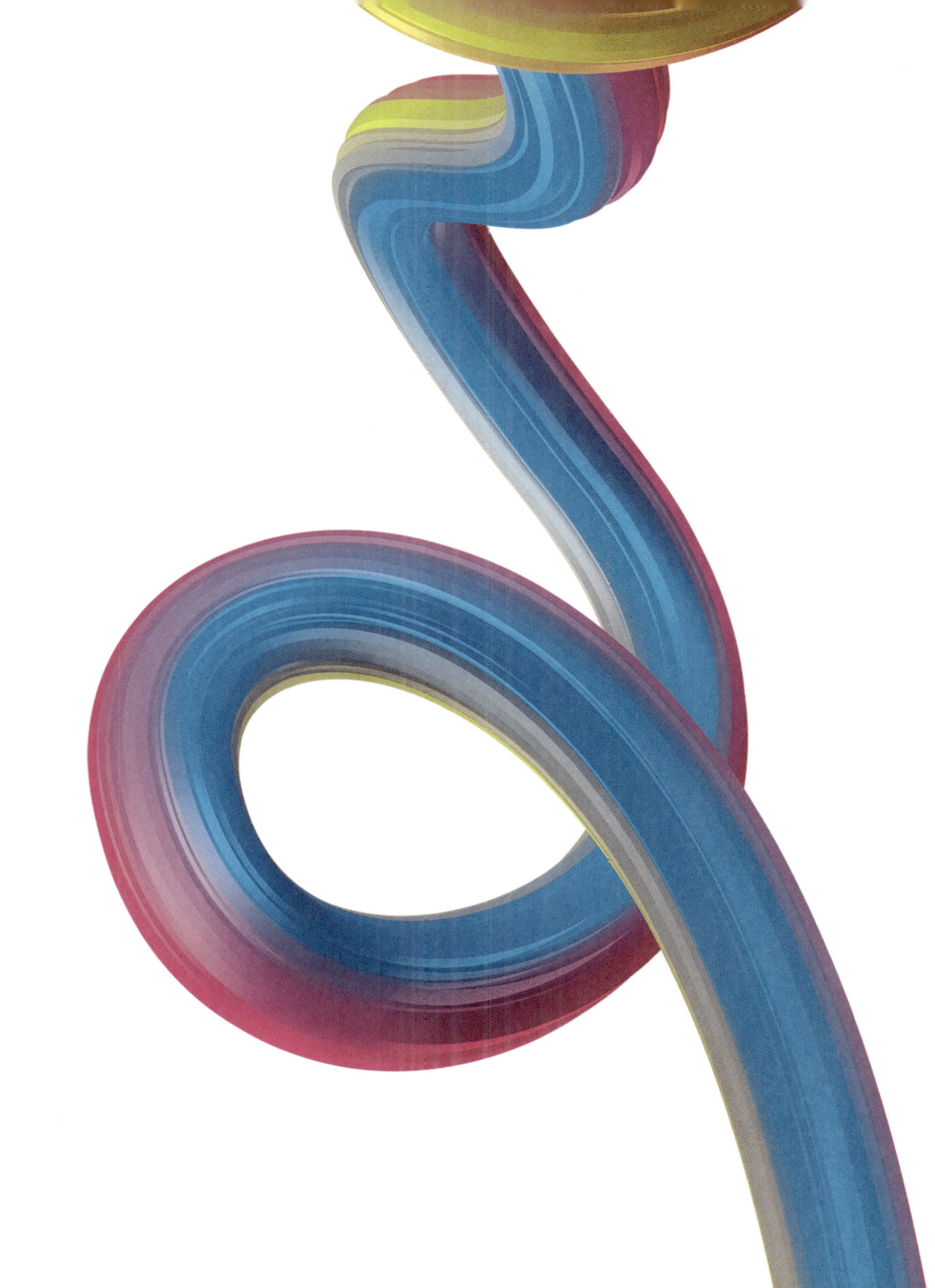

Learnings für zwölf Ressorts

People, Sport, Wirtschaft, Kultur – die Herausforderungen im Umgang mit dem Gender Visibility Gap sind sehr unterschiedlich. Die besten Erfahrungen und Learnings für zwölf Ressorts sind hier versammelt.

Tipps für jeden Newsroom

Newsrooms von Zürich über Lausanne bis Berlin, Warschau oder Zagreb arbeiten mit dem EqualVoice-Faktor, um dem Gender Visibility Gap zu begegnen. Darunter sind Redaktionen mit allen denkbaren journalistischen Ressorts von Sport bis Wirtschaft, von Politik bis Boulevard. Diese Vielfältigkeit bedingt, dass die Redaktionen individuelle Ansätze und Lösungen entwickeln, die über das reine Zählen von Frauen- und Männernamen hinausgehen. Einige dieser Ideen, die über die letzten Jahre in den Ringier- und anderen Redaktionen entstanden sind, können in ihrem journalistischen Bereich weitere inspirieren, zeigen sie doch Praxisbeispiele und Überlegungen, die für alle Medien in diesem bestimmten Ressort funktionieren – auch für solche, die nicht mit dem EqualVoice-Faktor arbeiten, sich aber für mehr Diversität in ihrer Berichterstattung einsetzen wollen.

Wirtschaftsjournalismus

Männer sind in den Führungsetagen der Wirtschaft noch deutlich in der Überzahl. Der Frauenanteil in Verwaltungsräten steigt zwar langsam an, aber immer noch gilt für weite Teile der Business-welt: It's a man's world. Das heisst: Wirtschaftsmedien starten mit der Voraussetzung in das EqualVoice-Projekt, dass ein 50:50-Geschlechterverhältnis in ihrer Berichterstattung gar nicht möglich ist und sogar die Realität verzerren würde.

Ein genauerer Blick auf das Feld der Berichterstattung offenbart aber, dass die Genderrepräsentation je nach Wirtschaftszweig durchaus variiert. So ist etwa in der Pharmabranche eine wachsende Zahl von Frauen in Führungspositionen zu verzeichnen. Bei einzelnen Pharmakonzernen beträgt der Frauenanteil im Kader gar 50 Prozent. Auch in der Start-up-Szene steigt die Zahl von Gründerinnen langsam an.

Für Wirtschaftsmedien reicht es also nicht aus, die allgemein geringe Anzahl von Frauen zu attestieren und daraus abzuleiten, dass es eben zu wenige Frauen gibt, über die man berichten könnte. Es ist vielmehr hilfreich, einzelne Branchen und Bereiche zu analysieren und etwa die Anzahl porträtierter Gründerinnen oder Branchen mit einem hohen Frauenanteil, wie die Pharmabranche, gesondert zu analysieren. Nur so kann ein Bereich der Gesellschaft, der unter besonderem Veränderungsdruck – auch hinsichtlich der Genderperspektive – steht, angemessen behandelt werden.

In Schweizer Verwaltungsräten beträgt der Frauenanteil knapp 30 Prozent. Dieser Wert kann als ein Zielwert für Schweizer Wirtschaftsmedien dienen. Tatsächlich liegt der Frauenanteil ihrer Berichterstattung aber noch deutlich darunter. Die *Handelszeitung* etwa startete mit einem Wert von 14 Prozent in das EqualVoice-Projekt und konnte sich über die Jahre langsam in die Richtung von 30 Prozent entwickeln – mit Schwankungen zwar, aber mit einer Aufwärtstendenz.

Im Bereich des Wirtschaftsjournalismus geht es ausserdem darum, klassische Themen wie zum Beispiel den Bereich Invest,

Der Genderfokus hilft, ein Thema umfassender zu beleuchten.

Tipps für kleinere Redaktionen

Nicht alle Newsrooms sind so datengetrieben, dass sie EqualVoice implementieren können. Für sie bietet sich an, das Geschlechterverhältnis händisch auszuzählen oder direkt mit der qualitativen Debatte über ihre Inhalte zu starten. Die Learnings aus diesem Kapitel sind hierfür relevant. Hilfreich ist zudem der herausnehmbare Guide am Ende des Buchs.

Spezifisch für kleine Redaktionen ergeben sich folgende Tipps:

- Auch kleine Massnahmen haben einen vergleichsweise grossen Effekt: Bei einem geringeren Output ist Veränderung schneller sichtbar und umsetzbar, und einzelne Fallbeispiele können intensiver analysiert und reflektiert werden.
- Zielpublikum informieren: Weil Veränderungen rasch ersichtlich sind, ist es umso wichtiger, dass die Zielgruppe auf diesem Weg mitgenommen wird.

Maximale Transparenz bei den Massnahmen und eine redaktionelle Debatte, für die auch das Feedback und die Meinungen der Leserinnen und Leser abgeholt werden, sind zu empfehlen.

- Herausforderungen der Nische definieren: Es hilft, zu analysieren, was genau in der eigenen Nische, Branche oder Region den Fortschritt beim Thema Diversität und Repräsentation von Frauen verhindert. Es lohnt sich, mit den Akteurinnen und Akteuren der Berichterstattung explizit über das Thema Diversität ins Gespräch zu kommen.
- Vernetzung suchen: Der Erfahrungsaustausch und die Vernetzung mit anderen aus der Sparte oder auch mit anderen Redaktionen lohnt sich. Oftmals ist es möglich, an Redaktionsworkshops grösserer Medienhäuser teilzunehmen oder deren Fortbildungsprogramme zum Thema zu buchen.

- Redaktionsworkshops veranstalten: Die Diskussion über Diversität braucht Zeit und Raum – in grossen wie in kleinen Redaktionen. Daher ist die regelmässige Veranstaltung von Redaktionsworkshops eine ideale Bühne, um die Meinungen, Projekte und Ziele der Redaktion abzuholen und zu definieren. Interne oder externe Blattkritiken spezifisch zum Thema Diversität helfen, die Diskussion in Gang zu bringen und kritisch zu reflektieren.
- Datengetriebenes Arbeiten fördern: Datengetriebene Arbeit ist vor allem für Redaktionen, die sehr printlastig sind, oftmals noch ein grosser Schritt. Es lohnt sich aber, ihn zu gehen. Und mit dem EqualVoice-Faktor etwa lässt sich ein Datentool integrieren, das auch Printartikel auszählen kann.

also Ratschläge und Analysen zur klugen Geldanlage, aus einer auch weiblichen Perspektive zu erzählen und zu betrachten. So hat etwa das Wirtschaftsmagazin *Bilanz* eine Kolumne zum Thema Frauen und Finanzen etabliert, die *Handelszeitung* hat in ihrer Invest-Berichterstattung weibliche Karriereverläufe verstärkt in den Fokus genommen und etwa Tipps für die Vorsorge daran angepasst, und die Wirtschaftsplattform *cash.ch* setzt auf immer mehr weibliche Invest-Expertinnen, die in Artikeln und Videointerviews zu Wort kommen.

Anhand des Themas Investieren zeigt sich, wie ein Genderfokus die journalistischen Inhalte bereichern und neue Gruppen von Leserinnen und Lesern anziehen kann. Diese Genderperspektive berücksichtigt Faktoren wie Teilzeitarbeit und Betreuungspflichten, die mehrheitlich von Frauen getragen werden, und die daraus folgenden Effekte auf Anlage- und Vorsorgestrategien. Die Thematisierung von Phänomenen wie der «Pink Tax», also einem Preisaufschlag, den etwa Fonds speziell für Frauen berechnen, ist nur ein Aspekt, der beispielsweise behandelt werden kann.

Die Genderperspektive hilft, ein Thema wie Investments und Anlagestrategien in der Berichterstattung kompletter zu durchleuchten, als das bisher mit einem primär männlichen Fokus passiert ist. Porträtreihen von Fondsmanagerinnen, aufstrebenden Frauen der Versicherungsbranche und den mächtigsten Frauen der Schweizer Wirtschaft schaffen Sichtbarkeit und etablieren Vorbilder. Der Effekt ist, dass sich ein grösserer Kreis von Leserinnen und Lesern angesprochen fühlt, weil deren Diversität auch inhaltlich und analytisch abgebildet und begleitet wird. Dank der neuen Perspektiven können ausserdem neue Ideen und Anreize für investigative Recherchen entstehen.

Wichtig ist zudem, die Sichtbarkeit der weiblichen Autorinnen in diesem Bereich zu stärken. Noch sind Frauen im Wirtschaftsjournalismus deutlich in der Unterzahl. In manchen Wirtschaftsredaktionen können die Mitarbeiterinnen an einer Hand abgezählt werden, und auch in den Chefredaktionen sind Frauen sehr selten. Selbst wenn die Zahlen beim journalistischen Nachwuchs ansteigen, sind die Wirtschaftsressorts oft stark von Männern geprägt und dominiert.

Das polnische Massenmedium *Fakt* hat es beispielsweise geschafft, mit prominenten Journalistinnen die Themen Geld, Wirtschaft und Finanzen vom reinen «Männerthema» wegzubewegen. Mit Justyna Łukawska, die das Ressort «Law & Money» des Titels leitet, ist eine Frau eines der prominentesten Gesichter

«Die Redaktionen von Cash, Bilanz und Handelszeitung formulieren seit dem Start der EqualVoice-Initictive noch inklusiver. Die Redaktionen legen bei ihrer Planung Wert auf eine ausgeglichene Gestaltung bei der Themenauswahl, bei den Protagonistinnen und Protagonisten sowie bei der visuellen Gestaltung der Beiträge. Mit ihrem Engagement möchten Cash, Bilanz und Handelszeitung Frauen auch dazu ermutigen, öffentlich häufiger die Stimme zu ergreifen. Frauen sollen anderen Frauen hier ein Vorbild sein.»

Michael Moersch, Chief Digital Officer und Leiter Wirtschaftsmedien von Ringier Axel Springer Schweiz

des polnischen Wirtschaftsjournalismus, und sie setzt einen besonderen Schwerpunkt auf Financial Literacy, Service und Beratung in diesem Bereich. Gleichzeitig ist sie durch Auftritte in Videos und auf Social Media ein sichtbares und inspirierendes Rollenmodell für junge Journalistinnen und Journalisten.

Ein solches Rollenmodell ist auch Aleksandra Karasińska, die als Chefredaktorin von *Forbes Women* in Polen den dortigen Wirtschaftsjournalismus mitgeprägt hat. Solche Vorbilder in Führungsrollen im Journalismus sind als Baustein auf dem Weg zu einer erfolgreicheren Rekrutierung von Frauen in diesem Bereich nicht zu unterschätzen.

So vielfältig die Berichterstattung über Wirtschaft geworden ist: Es ist unbedingt nötig, noch mehr Autorinnen und Journalistinnen für das Thema zu gewinnen. Hier zeigt die Erfahrung der Wirtschaftsmedien, dass in der Rekrutierung das Vorurteil, dass der Wirtschaftsjournalismus nur etwas für Männer sei, gebrochen werden muss. Es empfiehlt sich, bereits in Journalismusschulen Frauen für Wirtschaftsthemen zu motivieren und ihnen den Weg in die Redaktionen zu ebnen. Mentoring-Programme, die Berufseinsteigerinnen und auch -einsteiger für das Thema sensibilisieren und sie begleiten, sind unerlässlich.

Besonders spannend: Neue inhaltliche Schwerpunkte wie Klimajournalismus, Nachhaltigkeit oder Corporate Responsibility haben eine hohe Relevanz und Aktualität und sprechen junge Menschen im Journalismus besonders an – zunehmend auch Frauen. Denn so, wie die Wirtschaft selbst auf Herausforderungen reagiert und etwa Ökobilanz oder ESG-Kriterien Topthemen sind, ergeben sich hier ganz neue Recherchemöglichkeiten und Schwerpunkte für Einsteigerinnen und Einsteiger, aber auch für erfahrene Redaktionsmitglieder.

Als sehr hilfreich hat sich im Bereich Wirtschaftsjournalismus erwiesen, die redaktionsintern genutzten Expertinnenlisten immer wieder thematisch zu erweitern, wenn sich eine neue Nachrichtenlage ergibt. Wenn etwa die Credit Suisse von der UBS übernommen wird, werden gezielt Expertinnen zum Thema Banking und Finance auf die Liste gesetzt. Wenn die Nationalbank an der Zinsschraube dreht, werden entsprechende Expertinnen für die Liste rekrutiert. Diese neuen sowie bereits vorhandene Expertinnen können der Redaktion in internen Newsletters kurz vorgestellt bzw. in Erinnerung gerufen werden, damit die Expertinnenlisten aktuell bleiben und Expertinnen auch wirklich angefragt werden.

Learnings für den Wirtschaftsjournalismus:

- 50:50-Ziele sind für Bereiche, in denen Frauen so deutlich unterrepräsentiert sind wie in der Wirtschaft, nicht zielführend. Der Gender Visibility Gap in diesem Bereich muss anders analysiert werden.
- Ein differenzierter Blick auf einzelne Branchen und Analysen von Frauenanteilen in bestimmten Bereichen wie Pharma oder Start-ups sowie eine Analyse der entsprechenden Berichterstattung sind lohnenswert.
- Die Genderperspektive erweitert Bereiche wie zum Beispiel die Invest-Berichterstattung um eine neue analytische Ebene, weil Erwerbsbiografien von Frauen andere Ansätze und Tipps erfordern.

Politikjournalismus

Als Ende 2022 die finnische Premierministerin Sanna Marin ihre neuseeländische Amtskollegin Jacinda Ardern besuchte, meinte ein Reporter bei der anschliessenden Pressekonferenz: «Viele Leute werden sich fragen: Trefft ihr euch nur, weil ihr ähnlich alt seid und viele Gemeinsamkeiten habt – als ihr in die Politik eingestiegen seid und so –, oder können die Kiwis tatsächlich erwarten, dass es in Zukunft mehr Geschäfte zwischen unseren beiden Ländern geben wird?»

Die Antwort von Ardern war direkt: «Hat irgendjemand [den ehemaligen US-Präsidenten] Barack Obama und [den ehemaligen neuseeländischen Premierminister] John Key gefragt, ob sie sich getroffen haben, weil sie ein ähnliches Alter hatten?» Ardern räumte daraufhin ein, dass es weltweit mehr Männer in der Politik gebe. «Aber wenn sich zwei Frauen treffen, dann nicht nur wegen ihres Geschlechts.» Und auch Sanna Marin konterte schlagfertig: «Wir treffen uns, weil wir Ministerpräsidentinnen sind.»

Dieser kurze Ausschnitt einer Pressekonferenz mit zwei Politikerinnen zeigt, welche Genderbias im politischen Journalismus bestehen.

Oft wird politisches Handeln oder ein Verhaltensmuster von Frauen auf eine Art mit ihrem Geschlecht oder mit geschlechtsstereotypen Klischees verknüpft, wie es bei Männern so nicht geschieht. Das ist nicht nur unfair gegenüber Frauen in der Poli-

Redaktionen sollten sich auf die Politik von Politikerinnen konzentrieren.

tik, sondern kann auch dazu führen, dass sich weniger Frauen für eine politische Karriere entscheiden, weil sie solche Stereotypisierungen nicht erleben möchten.

Dass Politikerinnen eher Stereotypisierungen in der Berichterstattung begegnen, beweisen Studiendaten, wie etwa eine Analyse im *Journal of Communication* der International Communication Association im Februar 2020. Es handelt sich um eine systematische Analyse von 90 Studien, die über 25 000 Politiker und Politikerinnen in mehr als 750 000 Medienberichten abdecken. Untersucht wurden unter anderem geschlechtsspezifische Unterschiede im Inhalt der Medienberichte über politische Kandidaten und Kandidatinnen, etwa Unterschiede bei der Thematisierung des Privatlebens und der Familie, und der Umgang mit Genderstereotypen.

Die Analyse zeigte: Insgesamt erfahren Politikerinnen mehr Aufmerksamkeit für ihr Aussehen und ihr Privatleben und bis zu einem gewissen Grad eine stereotype Berichterstattung, was ihre Eigenschaften als Politikerinnen angeht. Zudem wird die Wählbarkeit von Männern selbstverständlicher angenommen, als es bei Frauen der Fall ist.

Wie also umgehen mit diesem Bias im Politikjournalismus, der Einsteigerinnen in die Politik von diesem Feld abschrecken dürfte und männliche Politiker tendenziell bevorzugt?

Wichtig zu verstehen ist: Der grösste Stolperstein im politischen Journalismus ist der, Politikerinnen in allen Phasen ihrer Karriere als Exotinnen zu betrachten und ihre Handlungen an ihr Geschlecht zu knüpfen oder damit zu erklären. Der politische Journalismus geht inzwischen zwar grossteils selbstverständlich mit Politikerinnen um. Ihr Aussehen und ihr Familienleben sind nicht mehr die primären Themen. Vielmehr würden das Publikum und die Redaktionen selbst solche thematischen Verengungen nicht mehr annehmen. Und dennoch gibt es viele Framings, die in dieser Form meist nur Politikerinnen betreffen. Zugespitzt lässt sich das anhand der klassischen Phasen einer politischen Karriere darstellen.

Beginnend beim Aufstieg, geht es oft nicht um die politischen Ideen einer Neueinsteigerin, sondern darum, wem sie diesen Aufstieg zu verdanken hat, wessen «Ziehtochter» sie ist und wie sie durch diesen Aufstieg zu einer Exotin wird. Auch die Frage, wie Betreuungspflichten und politisches Amt vereinbar sind, ist dann befangen, wenn sie nur Frauen gestellt wird.

In der Krise, die Politikerinnen natürlich genauso häufig durchmachen wie Politiker, wird dann oft gefragt, ob ausreichend Härte vorhanden sei oder ob die Politikerin «keine Nerven habe». Ist die Härte vorhanden, ist schnell das Label der «Männermörderin» zur Hand, die ihre Konkurrenten neutralisiert. Und das, obwohl es in der Natur der Sache liegt, sich in der Politik gegen Konkurrenten und Mitbewerberinnen durchzusetzen, um ein Amt oder Mehrheiten zu erhalten.

Kommt es zum Rücktritt der Politikerin, wird die Frage aufgeworfen, ob sie nicht belastbar genug gewesen sei oder sich nun ihrer «natürlichen Rolle» und ihrem Privatleben zuwende.

So etwa fokussierten beim Rücktritt der neuseeländischen Premierministerin Jacinda Ardern 2023 viele Medien darauf, dass sie nun «endlich» ihren Partner heiraten könne.

Genderbias im politischen Journalismus kann vermieden werden, wenn sich Redaktionen auf die Politik von Politikerinnen konzentrieren und nicht deren Äusseres oder Familienleben zum Thema machen – ausser, wenn sich daraus eine politische Relevanz ergibt. Tut es das nicht, ist eine Berichterstattung aufgrund mangelnder Relevanz oder marginalen Öffentlichkeitsinteresses nur schwer zu rechtfertigen. Im Fokus stehen also politische Positionen, Errungenschaften, Führungsqualitäten – oder eben Krisen und Probleme, die sich aus einem Mangel derselben ergeben.

Vermieden werden sollten Formulierungen, die Geschlechterrollen oder Stereotype verstärken. Es ist beispielsweise nicht in Ordnung, Politikerinnen als «emotional» oder «irrational» darzustellen, wenn sie ihre Ansichten leidenschaftlich vertreten. Genauso haben Redaktionen bei Politikeinsteigerinnen eine Verantwortung, sie darauf vorzubereiten, dass auf Social Media und in Kommentarspalten tendenziell eher bei Frauen Äusserlichkeiten attackiert werden. Vor allem aber gilt es, Nutzer- und Nutzerinnenkommentare zu moderieren und sexistische Äusserungen nicht einfach stehen zu lassen.

Es muss gelingen, dass über Politikerinnen anders geschrieben wird, als es etwa 2019 das Portal *tagesschau.de* über die Wahl der neuen finnischen Ministerpräsidentin Sanna Marin tat: «Sie ist hübsch, jung – und seit heute die neue Ministerpräsidentin Finnlands.» Dass sie, wie eingangs erwähnt, kurz vor ihrer Abwahl bei der Pressekonferenz mit der neuseeländischen Premierministerin Jacinda Ardern gefragt wurde, ob sie sich nur mit ihr treffe, weil sie Frauen seien, zeigt, wie sehr Genderstereotype Politikerinnen begleiten – und wie sehr Medien diese mitprägen.

Learnings für den Politikjournalismus:

- Politikerinnen sollen anhand ihrer politischen Positionen, Errungenschaften und Führungsqualitäten beschrieben werden und nicht aufgrund ihres Aussehens.
- Verhaltensweisen, die bei Männern als normal angesehen werden, etwa Durchsetzungsstärke oder leidenschaftliches Eintreten für politische Punkte, sollen bei Frauen nicht als «irrational» oder «emotional» geframt werden.
- In allen Phasen einer Politikerinnenkarriere, vom Aufstieg über die Karriere bis hin zum Rücktritt, gibt es Begriffe, die einen Genderbias ausdrücken und der Vergangenheit angehören (z. B. «Männermörderin», «Ziehtochter» u. a.).

Guide-Journalismus

Der Guide-Journalismus ist so vielfältig wie die Themenbereiche, durch die er sein Publikum unterstützend führt. TV-Zeitschriften begleiten Menschen bei der Orientierung durch das Angebot im Fernsehen und auf digitalen Kanälen. Sie geben Tipps, bieten einen Überblick und präsentieren die wichtigsten Akteurinnen und Akteure der Unterhaltungs- und TV-Branche.

Aber spielt das Thema Gender und Diversität hier überhaupt eine bedeutende Rolle? Muss sich das Medium nicht ohnehin an das halten, was von Sendern und Co. bereitgestellt wird? Das ist zu kurz gegriffen. Besonders in einem Medium, das sich in jeder Ausgabe mit TV-Fiktion, Serien, Dokumentationen und dem unendlichen Angebot der Streaming-Plattformen befasst, ergeben sich unzählige Ansätze und überraschende Möglichkeiten, das Thema Diversität und Gender aufzugreifen. Das können etwa grosse Interviews mit Schauspielerinnen sein, die eine Pionierrolle in einem Bereich spielen, oder fundierte Artikel über die Entwicklung des Themas in einem spezifischen Genre.

Die diverse und prominente Darstellung von Schauspielerinnen, Stars und Produzentinnen hat nicht zuletzt einen bestärkenden Effekt auf die Branche selbst. Frauen treten in vielfältigen Rollen auf; Produzentinnen und Regisseurinnen erhalten genauso viel Platz und kommen genauso oft zu Wort wie ihre männlichen Kollegen. Sie treten in ihrer ganzen Vielfalt auf und werden in dieser Vielfalt dem Publikum, aber auch der Branche gespiegelt. Das ermutigt Akteurinnen in der Branche, ihren Platz auch in anderen Medien einzufordern. Und es regt zum Mut an, bei Produzentinnen und Produzenten sowie Autorinnen und Autoren Vielfalt zuzulassen ohne Angst, in der Berichterstattung in eine Diversity-Schublade gesteckt zu werden.

Aber auch im Kleinen hat die Sensibilität für die Genderrepräsentation im Guide-Journalismus einen Effekt. Ein Beispiel hierfür sind die Bilder, die auf jeder Seite der Programmvorschau zu sehen sind und die auf ein TV-Event verweisen. Sie sollen Lust auf einen Beitrag machen und bilden meist das wichtigste Programm des Senders ab. Die Redaktion des Schweizer TV-Guide-Magazins *Tele* beispielsweise hat analysiert, wie oft Frauen und Männer dargestellt werden, und darauf geachtet, dass, wenn eine Auswahl zwischen Männerbildern und Frauenbildern besteht, das Bild mit Frauen ausgewählt wird. Dass eine Programmvorschau als ein Sammelalbum mit zehn Männerköpfen pro zehn TV-Events daherkommt, gehört heute meist der Vergangenheit an. Geschlechtervielfalt ist in die Programmvorschau eingezogen.

Immer wieder erwähnen Kritikerinnen in EqualVoice-Blattkritiken, dass sie sich von einem Medium, in dem sie keine oder fast keine anderen Frauen sehen, kaum angesprochen fühlen. Das gilt etwa für Meinungsseiten, auf denen die immer gleichen Herren kommentieren. Aber die Kritik könnte genauso für Rubriken gelten, bei denen nur ein Geschlecht für ein Programm wirbt, das sich eigentlich auch an die anderen 51 Prozent der Bevölkerung richtet.

Wer durch ein TV-Programm blättert und nur Männer als Vertreter der grossen Shows oder als Schauspieler in Sendungen sieht, wird daraus Schlüsse ziehen. «You can be what you can see» – ein Spruch, der in der Diskussion über EqualVoice immer wieder fällt. Mädchen und Frauen, die ihr Geschlecht in solchen Rubriken nicht finden, werden sich weniger mit den dargestellten Shows oder Sendungen identifizieren.

Redaktionelle Sorgfalt bis ins Detail

TV-Zeitschriften achten auf das Genderverhältnis in den Foto-Previews von TV-Sendungen.

SAMSTAG 26. AUGUST

SRF 1

QUIZSHOW

20.10 1 gegen 100 Traditionen Special. Mit Angélique Beldner (M.)

5.10 Schweiz von oben (W; Wh.: So, 10.9., 4.45) **5.15** Gredig direkt (W) ⧉ **5.50** Potzmusig (W) **6.25** News-Schlagzeilen **9.00** Kassensturz in Gebärdensprache ⧉ **9.35** Heidi Bucher – Transformationen (W) ⧉ **10.30** Kids@SRF ⧉ **11.00** Entdeckt ⧉ Energie – Mit Volldampf! **11.25** Entdeckt ⧉ Quantenphysik: Aufbruch ins Ungewisse **11.50** Mein Haushaltsjahr ⧉ **12.05** SRF ohne Limit (1/5; W; Wh.: So., 27.8., 5.05) Im Rollstuhl über die Schweizer Alpen

SRF 2

LEICHTATHLETIK

19.00 Leichtathletik: WM Evening-Session. Aus Budapest (H). Kommentar: Mario Gehrer

5.00 Chicago Fire (W) ⧉ **5.40** SRF Selection – Musik **5.55** Life in Pieces (W) ⧉ DD **6.15** Verbrechen auf der Spur – Einsatz am Tatort (W) ⧉ **6.50** Leichtathletik: WM live Marathon Frauen. Aus Budapest (H). Kommentar: Mario Gehrer **9.35** Impact (W) ⧉ Gewalt im Amateurfussball – Schlägereien und Spielabbrüche **10.00** Leichtathletik: WM live tipp Morning-Session. Aus Budapest. Kommentar: Mario Gehrer, Patrick Schmid, Mathias Winterberg

ARD

LEICHTATHLETIK

20.15 Leichtathletik: WM U.a.: Zehnkampf: Speerwerfen Männer

6.20 Bariki und Stephano – Wettlauf am Kilimandscharo ⧉ **6.45** Shaun **7.00** Sportschau ⧉ live **7.00** Leichtathletik: WM. Marathon Frauen; Zehnkampf: 110 m Hürden Männer; Kugelstossen Frauen; Zehnkampf: Diskuswerfen und Stabhochsprung Männer. Aus Budapest (H)

ZDF

TV-KRIMI

20.15 In Wahrheit – Blind vor Liebe Mit Christina Hecke (l.)

7.50 Bibi Blocksberg ⧉ **8.15** Bibi und Tina ⧉ **8.45** Mia and Me ⧉ DD **9.10** Pur+ ⧉ **9.35** H2O – Plötzlich Meerjungfrau **10.25** Notruf Hafenkante ⧉ **11.10** Soko Wismar ⧉ **12.00** Einfach Mensch ⧉ **12.15** Rosamunde Pilcher: Die Muschelsucher ⧉ TV-Melodrama, GB/D 2006

«Ich führe»: Höre ich die Person am häufigsten, die am lautesten spricht?

Deswegen: Die Vielfalt auch im Guide-Journalismus zu berücksichtigen, lohnt sich. Dass beispielsweise *Tele* als einzige TV-Zeitschrift der Schweiz auch digitale Kanäle abbildet, ist ein Teil ihrer publizistischen Handschrift. Dass die Publikation in der Bildschiene zu den TV-Programmvorschauen auch die Genderrepräsentativität im Blick hat, ist ein weiterer Teil und unterscheidet sie von der Konkurrenz.

Das Beispiel der TV-Zeitschriften und der Vorschaubilder verweist auf das Potenzial von Genderrepräsentativität in Rubriken, an die man bei diesem Thema nicht als Erstes denkt. Gerade sie bilden aber durch ihre Regelmässigkeit und schiere Menge einen wichtigen Hebel, um Diversität mehr Sichtbarkeit zu geben.

Es lohnt sich also, Rubriken zu analysieren, die ganz selbstverständlich so gemacht werden, wie sie immer schon gemacht wurden. So sind auch im übergeordneten Bereich des Guide-Journalismus und Beratungsjournalismus für Konsumentinnen und Konsumenten solche Analysen hilfreich. Wer ist etwa der Experte, der seit Jahrzehnten zu einem Thema Analysen, Einschätzungen oder Lebenshilfen abgibt? Welche Expertinnen gibt es in diesem Bereich? Und was spricht dagegen, neue Stimmen zu Wort kommen zu lassen?

Wichtig zu verstehen: In der Auseinandersetzung mit Diversität im Journalismus wird oftmals nur auf grosse, prominente journalistische Stücke fokussiert, anhand derer man die hohen Standards beim Umgang mit Diversität und Gender belegen will: die glanzvolle Reportage, die seitenlange Titelstory, eine beeindruckende Seite 3. Es lohnt sich aber, auf die Elemente eines Mediums oder eines journalistischen Genres zu achten, die im Redaktionsalltag oftmals nebenbei abgearbeitet werden und bei denen vermeintlich publizistisch nur wenig zu gewinnen ist. Jedes Medium hat diese Standardgefässe. Sie heissen vielleicht «Gewinner/Verlierer der Woche», «Foto der Woche» oder «Aufreger des Tages». Wer bei diesen Standardrubriken intelligente und innovative Ansätze findet, um auch die Diversität des Publikums besser abzubilden, wird sich positiv abheben und sein publizistisches Profil schärfen.

Zudem ist das Engagement für Diversität und Genderrepräsentativität glaubwürdiger, wenn sich die Debatte auf wirklich alle Bereiche eines publizistischen Produkts bezieht und nicht nur auf einen oder zwei Leuchttürme, die dann vorgezeigt werden können.

Learnings für den Guide-Journalismus:

- TV-Guide-Journalismus, der das Thema Diversität aufgreift, hat wiederum einen bestärkenden Effekt auf die Branche, die Sender und die Produzenten und Produzentinnen.
- Kleinere Rubriken und sogenannte Standardgefässe, die seit vielen Jahren bestehen, sind für Gender- und Diversitätsanalysen besonders lohnenswert und überraschend.
- Expertinnen- und Expertenrubriken können mit wenig Aufwand divers und vielfältig gestaltet werden. Mehr Frauen in Ratgeberrubriken zu Wort kommen zu lassen, normalisiert deren Rolle als Expertinnen.

People-Journalismus

Der People-Journalismus zeigt Prominente und spannende Akteurinnen und Akteure in ihrer ganzen Persönlichkeit. Dazu gehören private Aspekte und die Frage, wie jemand lebt, wohnt, arbeitet und was seine oder ihre Standpunkte sind. All das wird zu einem ganzheitlichen Porträt kombiniert. Der People-Journalismus beschreibt und normalisiert mit seiner Arbeit das Bild, das die Gesellschaft von Lebensentwürfen hat. Mit seiner Kommentierung, die das Private immer mit einschliesst, ist sein Thema der Berichterstattung hoch sensibel, oft komplex und interessiert Menschen daher ganz besonders.

Gerade für den People-Journalismus ist es deshalb enorm wichtig, wie er mit dem Aspekt Diversität und Gender umgeht. Wer einen Einblick in das private Umfeld eines oder einer Prominenten bekommt, schafft durch Kommentierung und Inszenierung ein Bild, das in die Gesellschaft wirkt und vermittelt, was normal, aussergewöhnlich, vorbildlich oder untypisch ist.

Wer etwa ein People-Magazin von vor 50 Jahren durchblättert, wird klischierte und aus heutiger Sicht überholte Geschlechter-, Paar- und Rollenverständnisse erleben. Der People-Journalismus von damals bildete die Gesellschaft so ab, wie sie sich in ihrer Mehrheit verstand – und wie die Mehrheit des Publikums Rollen akzeptierte und wohl auch lebte.

Wer People-Journalismus konsumiert, sieht Rollenvorbilder, Beispiele von Verhaltens- und Lebensentwürfen, die auf junge Menschen ganz besonders einwirken. Wenn Frauen und Männer in der immer gleichen geschlechtsspezifischen Rolle dargestellt werden, ist der Eindruck für das Publikum klar: Das sind die erwartbaren und erwarteten Genderrollen.

Attraktivität und Coolness, Sexyness und Kompetenz waren lange Pole, anhand derer Geschlechter im People-Journalismus dargestellt wurden: Frauen in glamourösen Inszenierungen, die ihre Ausstrahlung, ihre Körper und Frisuren in den Mittelpunkt stellen, und Männer, die abgeklärt, mit kühlem und kompetentem Blick sowie gerne im Anzug die Welterklärer spielen dürfen.

Diese Polarität wird im People-Journalismus zunehmend aufgebrochen. Wir sehen neue, spannende Kombinationen, etwa eine Sportlerin im Abendkleid mitten im Sprint, ein Mann als Haushälter oder eine Politikerin mit Zigarre in der Hand. Die vielen Beispiele des modernen People-Journalismus zeigen, dass die Berücksichtigung von Diversität interessante publizistische Chancen birgt. Plötzlich sieht man Bilder und Bildkombinationen, liest Aussagen und Reportagen, die so und in diesem vielfältigen Stil bis vor zehn Jahren noch nicht zu lesen waren.

Wer hingegen heute noch die verstaubten Geschlechterklischees der Achtzigerjahre reproduziert, hat auf dem Markt keine Chance mehr. Die Toleranz des Publikums für Storys, die nur in Schubladen arbeiten, ist deutlich gesunken. Auch das merken People-Magazine, wenn sie in ihren Inszenierungen eben nicht berücksichtigen, was die Gesellschaft inzwischen für normal hält.

Diese Vielfalt spiegelt ein neues Verständnis von Geschlechterrollen und Machtrollen in der Gesellschaft selbst. Denn eine People-Journalismus-Redaktion wie zum Beispiel die *Schweizer Illustrierte* entscheidet sich ja nicht abgekoppelt in der Redaktionssitzung dafür, Rollenbilder aufzubrechen. People-Journalismus ist immer eng an das gesellschaftliche Verständnis von Rollen geknüpft. Er merkt sehr schnell und meistens als Erster, wenn sich eine Rollenzuschreibung in der Gesellschaft verändert. Fast keine journalistische Sparte muss so genau erspüren, wann eine Abbildung zum Stereotyp wird und wann eine Darstellung Vielfalt ausdrückt.

Die Veränderung bei der Auseinandersetzung mit dem Gender Visibility Gap zeigt sich auch im Umgang mit Begriffen: So hat sich der People-Journalismus der *Schweizer Illustrierten* vom Ausdruck «Frauenpower» oder «Powerfrau» verabschiedet, mit dem Storys über Frauen in Führungspositionen oftmals betitelt wurden. Dieser Kunstbegriff, dessen Absurdität ersichtlich wird, wenn man «Männerpower» schreibt, zeigt, dass hier zwei Begriffe gekoppelt wurden, die im Auge des Autors oder der Autorin nicht zusammenpassen. «Frauenpower», meist mit Ausrufezeichen, zeigt etwas Ungewöhnliches, etwas Vorbildliches, auf jeden Fall etwas nicht ganz Selbstverständliches. (Abgesehen davon, dass die Frauen, die keine Powerfrauen sind, dann offenbar nicht mit Kraft und Power ausgestattet sind.) Im modernen People-Journalismus wird die Stärke, Macht und auch der Einfluss von Frauen selbstverständlich in der Bildsprache und im Text ausgedrückt. «Chefärztin», «Spitzenpolitikerin», «Sängerin» reichen als Zuschreibungen. Es braucht keine Verlegenheitsbegriffe wie «Powerfrau».

Weiter zeigt sich die Transformation der letzten Jahre daran, wie Paare inszeniert werden. Eine private Liebesbeziehung in Fotos und Text Hunderttausenden Leserinnen und Lesern zu präsentieren, gehört zu den Alleinstellungsmerkmalen dieser Art von Journalismus. Ja, sie gehört zu den wichtigsten Aspekten von People-Journalismus. Wer den Anspruch hat, die gesamte Lebenswelt einer Persönlichkeit abzubilden, wirft auch einen Blick in ihr Privatleben. Und beim Umgang mit Prominenten und ihren Partnern und Partnerinnen hat es deutliche Verschiebungen gegeben.

Inzwischen werden etwa Partnerinnen von Prominenten nicht mehr nur mit ihrem Vornamen und einem Possessivpronomen vorgestellt: «Manager XY und seine Nina». Statt als Anhängsel wird die Partnerin als eigenständige Persönlichkeit vorgestellt. Auch Beschreibungen, bei denen komplett auf den Namen von Partnerinnen und Partner verzichtet wird, etwa «Olympiasieger XY und sein Schatz», sind sehr viel seltener geworden. Das ist nicht nur fairer gegenüber der Partnerin oder dem Partner selbst, sondern auch eine Frage der Gleichbehandlung. Für die porträtierte Person ist diese Person, die an ihrer Seite sitzt, die wohl wichtigste Person in ihrem Leben. Warum also soll sie für das Publikum nicht mal einen Nachnamen haben?

Auch Begriffe wie «die starke Frau im Hintergrund», «sie hält ihm den Rücken frei» oder andere Floskeln werden kaum mehr verwendet. Die Partnerin kommt zu Wort, sie ist nicht mehr nur Stichwortgeberin für den Akteur, sondern in vielen Reportagen wird ihr genauso viel Platz eingeräumt wie dem Promi. Dadurch werden die Reportagen und Porträts vielfältiger und aufschlussreicher als durch die eindimensionale Darstellung.

Neue vulnerable Gruppen zu identifizieren, führt zu vielen publizistischen Chancen.

Die Promis selbst sind heute ebenfalls viel offener und bereit, ihre Diversität offensiv darzustellen und anzusprechen. Sie sind nicht mehr nur schön, nur intelligent, nur kompetent, sondern vielleicht alles auf einmal. Oder sie zeigen sich in einer überraschenden fotografischen Inszenierung, die vor 20 Jahren noch undenkbar gewesen wäre. Das Glätten von Ecken und Kanten ist weniger geworden. Publikumswirksam ist, wer als authentisch wahrgenommen wird. Diese Lust an Authentizität ist eine enorme Chance für den People-Journalismus.

In den letzten Jahren hat sich in dem Ressort sehr viel getan. Genderstereotypisierungen sind aufgebrochen. Frauen in Macht-, Führungs- und Siegerinnenpositionen sind inzwischen genauso üblich wie die Darstellung von Paarbeziehungen, die nicht die eine Hälfte des Paars marginalisiert. Diese Vielfalt, ergänzt durch die Selbstinszenierung vieler Prominenter auf Social-Media-Kanälen, hat diese Sparte des Journalismus revolutioniert.

Und es zeigt sich: Der Journalismus, der sich darum bemüht, das ganze Bild und kein Klischee zu zeigen, fährt besser. Das Verständnis für eine Persönlichkeit, für einen Prominenten oder eine Prominente wird dadurch vollständiger, die Geschichte spannender. Das bisher wenig Beachtete wird angeschaut, angesprochen und damit der Anspruch auf Vollständigkeit besser eingelöst.

Learnings für den People-Journalismus:

- Die Inszenierung von Privatleben und Paarbeziehungen gibt implizit eine Wertung ab. Wann werden Lebensentwürfe als ungewöhnlich gelabelt und wann nicht? Hier ist Reflexion in der Redaktion gefragt.
- Die Inszenierung von Geschlechtern anhand der Pole «sexy» (Frauen) und «cool» (Männer) ist überholt. Jede Persönlichkeit soll mit ihren Charakteristiken inszeniert und nicht in Genderklischees gedrängt werden.
- Begriffe wie «Frauenpower», «Powerfrau» oder andere Labels, die erfolgreiche Frauen in die Ecke des Aussergewöhnlichen drängen, werden zunehmend abgelöst.

Investigativer Journalismus

Der investigative Journalismus steckt im Kern aller journalistischen Sparten. In seiner Funktion als Aufdecker und kritischer Beobachter übernimmt er einen essenziellen Auftrag in der Gesellschaft. Die Rolle des investigativen Reporters, der investigativen Reporterin ist in jedem Medium eine der wirkungsvollsten.

«Ich interviewe»: Welche Frage stelle ich nur Frauen und warum?

Beim Thema Genderdiversität lohnt sich in diesem Bereich einerseits ein Blick auf die Objekte der Berichterstattung und andererseits ein Augenmerk auf das Genderverhältnis bei Reportageteams selbst.

Für ein investigativ geprägtes Magazin ist das Engagement für Benachteiligte und Schwache ganz entscheidend. Für sie sind solche Medien Garantie, dass ihre Rechte überhaupt gehört werden. Immer wieder hat man es dabei mit Rollen wie «Opfer», «Täter/Täterin» und einer Art «Retter/Retterin» zu tun. Hier lohnt sich eine Reflexion darüber, welche Gruppen welche dieser Rollen üblicherweise einnehmen.

Natürlich kann ein investigatives Magazin Rollen nicht einfach umkehren, nur weil es besser in das Diversitätsschema passt. Das wäre unjournalistisch. Es kann aber reflektieren, ob übliche Opfergruppen immer wieder beobachtet und analysiert werden oder ob es neue Strukturen und Vulnerabilitäten gibt, die kleinere Gruppen betreffen oder manche Gruppen in ungewohnter Form. Man denke etwa an Gewalt an Männern, an Diskriminierungen innerhalb einer marginalisierten Gruppe oder an strukturelle Faktoren, die manche Gruppen stärker treffen als andere.

Eine solche Herangehensweise mit dem Ziel, neue vulnerable Gruppen zu identifizieren, führt zu vielen publizistischen Chancen. Es kann beispielsweise gelingen, als erstes Medium über die Probleme einer gewissen Gruppe zu schreiben oder früher als andere Medien Diskriminierungen aufzudecken. Zudem können Persönlichkeiten, die eine besondere Resonanz beim Publikum haben, schneller angegangen und ein grosses Vertrauensverhältnis zu ihnen oder einer ganzen Community aufgebaut werden, was die Chance auf neue, spannende Storys erhöht.

Auch die Reflexion über das Opferbild und das Bild des Retters, der Retterin, das in einem Medium gezeichnet wird, lohnt sich. Wie wird beispielsweise eine Frau beschrieben, die sich aufgrund einer Scheidung in einer finanziell schwierigen Lage wiederfindet? Werden ihre Umstände beklagt und ihre Aussichten düster gezeichnet? Oder beschreibt man die Rechte, die ihr vorenthalten werden? Wie werden diese Rechte oder Pflichten von Expertinnen und Experten oder vom Autor, von der Autorin kommentiert?

Wir reproduzieren in der journalistischen Arbeit das gesellschaftliche Rollenverständnis von Opfer, Täter/Täterin und Retter/Retterin. Das mediale Bild, das zum Beispiel vor einigen Jahrzehnten von Frauen, die die Scheidung von ihrem Mann suchten, gezeichnet wurde, hat sich für jeden und jede ersichtlich komplett geändert. Medien, die beim Publikum ankommen wollen, müssen dieses gesellschaftliche Verständnis und auch den gesellschaftlichen Konsens abbilden. Das erhöhte Bedürfnis jüngerer Generationen nach neuen Darstellungen von Rollen- und Frauenbildern fordert uns dazu auf, die Art und Weise, wie über Opfer und Täter bzw. Täterinnen gesprochen wird, kritisch zu hinterfragen.

Das gilt einerseits für die Beschreibung der Situation selbst, etwa die Beschreibung vom Opfer und der Person, die ihm etwas angetan hat. Und andererseits für die Kommentierung der Situation: Ist diese nüchtern, faktenbezogen und damit auch journalistisch? Oder ist sie paternalistisch, wertend und verurteilend? Wird eine Person durch gewisse Beschreibungen noch einmal in eine Opferrolle gebracht? In einigen Fällen kann die Medienberichterstattung beispielsweise eine opferverurteilende Haltung aufrechterhalten, indem sie sich auf die Handlungen, Entscheidungen oder das Verhalten der Opfer konzentriert, anstatt die Verantwortung der Täter und Täterinnen zu betonen. Dies kann zu öffentlicher Kontrolle, Verurteilung und Stigmatisierung der Opfer führen, was ihr Trauma verschlimmern und sie davon abhalten kann, Unterstützung zu suchen.

Und auch hier hilft die Genderperspektive: Wer ist der Experte? Ein Anwalt? Ein Opferanalyst, der wieder Ordnung in die Sache bringt? Wie oft ist das eine Frau? Genauso, wie sich auch für das Einholen von Expertisen Netzwerke entwickeln, die um neue Stimmen – etwa aus Expertinnenlisten – erweitert werden können, kann das auch bei Anwältinnen und Rechtsexpertinnen geschehen oder bei Analystinnen, die einen Problemfall kommentieren.

Lohnenswert ist auch der Blick auf das Geschlechterverhältnis bei den Rechercheteams selbst. Wie kann es hier gelingen, mehr Vielfalt zu erreichen? Die Diversität der Rechercheure und Rechercheurinnen wird die Vielfalt der behandelten Themen steigern – und damit mehr Bereiche der Gesellschaft kritisch durchleuchten, als es eine homogenere Gruppe tut. Es zahlt sich also aus, wenn Investigativteams in Redaktionen gezielt auf ihre Diversität achten und die Instrumente und Recherchemethoden mit jüngeren Kolleginnen und Kollegen teilen. Silodenken ist, wie international agierende Rechercheverbünde mit Hunderten von Journalistinnen und Journalisten zeigen, ohnehin zunehmend überholt.

EqualVoice heisst nicht FemaleVoice.

Dass investigative Reporterinnen und Reporter meist besonders hart attackiert werden, wenn sie recherchieren, etwa in Form von Klagen, Shitstorms auf Social Media oder Bedrohungen anderer Art, macht es notwendig, alle, die in diesen Bereich einsteigen, dafür zu sensibilisieren. Das verhindert auch, dass jüngere Kollegen oder Kolleginnen nach wenigen Jahren wieder aussteigen. Besondere Schulungen über den Umgang mit Social-Media-Shitstorms, rechtlicher Rat und Beistand sowie in manchen Fällen die Unterstützung bei tiefergreifenden Schutzmassnahmen sind ein Bestandteil davon, diese journalistische Arbeit vielfältiger zu machen. Und eine anwaltschaftliche Pflicht des Unternehmens, der solche Journalistinnen und Journalisten beschäftigt.

Learnings für den investigativen Journalismus:

- Das Ziel, neue Gruppen investigativ und journalistisch zu begleiten, bietet viele publizistische Chancen.
- In der Darstellung eines Opfers können sich Klischees einschleichen, die das Opfer noch einmal in eine Opferrolle drängen.
- In der Figur des «Retters», Experten, Anwalts, Analysten lässt sich mit neuen weiblichen Stimmen leicht mehr Diversität herstellen.

Unterhaltungs- und Servicejournalismus in Frauenmagazinen

Eine «Frauenzeitschrift» und EqualVoice – wie passt das zusammen? Immerhin ist der Anteil von Frauen in der Berichterstattung eines Magazins wie etwa der Schweizer *Glückspost* traditionell hoch und auch das Publikum überwiegend weiblich. Sich selbst bezeichnet die *Glückspost* als «Frauenzeitschrift für alle Themen rund um Prominenz, Gesundheit, Schicksale, Rätsel und natürlich Horoskope und Co.».

Warum also sollte sich eine Frauenzeitschrift überhaupt mit EqualVoice befassen? Ihr EqualVoice-Faktor wird eine deutliche Überzahl von Frauen zeigen – das Thema Sichtbarkeit von Frauen ist also kein Problem. Kann sie auf EqualVoice verzichten?

Hier hilft die Erinnerung daran, dass EqualVoice eben nicht «FemaleVoice» heisst, sondern die Debatte über Gender und Diversität fördern will. Gerade bei Frauenzeitschriften führt diese Diskussion um ausgewogenere Genderrepräsentation zu interessanten Ansätzen und Projekten, die am Ende mehr Leserinnen und Leser mit sich bringen können.

So hat die *Glückpost* nach Start der Initiative entschieden, mehr Männerthemen ins redaktionelle Programm aufzunehmen. Etwa im Bereich Gesundheit, wo die Risiken für Männer ab einem gewissen Alter behandelt und Präventionsmassnahmen gezeigt werden, oder auch im Bereich Wellness, wo die Redaktion spezifische Angebote präsentiert, die Männer überzeugen sollen.

Frauenmagazine wagen durch die EqualVoice-Initiative also, aus ihrem Genderschema herauszutreten, Männern mehr Sichtbarkeit zu geben und das Angebot für sie zu erhöhen. Das redaktionelle Programm wird dadurch ausgeglichener und die Reichweite der Publikation automatisch erweitert, weil sich die Themen nun eben an eine grössere Gruppe richten. Ein Magazin wird vielleicht auch mal an die Männer in der Familie weitergereicht, wenn etwa ihre Gesundheitsthemen oder andere Bereiche, spezifisch für Männer, behandelt werden. Das bedeutet nicht, dass der USP eines klar umrissenen Publikums verloren gehen darf. Es geht vielmehr darum, bei den redaktionellen Inhalten Vielfalt zu erzeugen und sich damit von der Konkurrenz abzuheben.

Die interessante Diskussion in diesem Prozess ist, wie redaktionelle Inhalte, die klassischerweise als Frauenthemen gebrandet werden, zu Männerthemen werden können. Für eine Redaktion stellt sich dabei die grundsätzlichere Frage, wie sie damit umgeht, dass gewisse Bereiche als typische Frauen- oder Männerthemen etikettiert sind. Aussagen wie «Das ist was für die Frauen» oder «Das interessiert nur Männer» sind erst einmal Annahmen, die durchaus hinterfragt werden können.

Der Gesundheitsbereich betrifft natürlich beide Geschlechter gleichermassen, Serviceartikel können somit für Männer und Frauen interessant sein. Finanzthemen sind für Frauen genauso relevant und oft vielleicht noch drängender, weil das Thema Frauen und Finanzen bisher nicht sehr prominent behandelt wurde. Es lohnt sich somit, wenn Medien vermeintliche Geschlechtereingrenzungen und -zuordnungen hinter sich lassen und mit ihren Themen Männer und Frauen adressieren.

Einen interessanten Weg beschritt die *Glückpost* auch beim Thema Expertisen. Denn zwar standen etwa bei Gesundheits-tipps für Frauen natürlich Frauen im Fokus, aber die Expertise stammte meist doch von einem Mann, der in der Rolle des Ratgebers präsentiert wurde. Hier pflegt die *Glückpost* inzwischen eine grössere Diversität und erteilt Medizinerinnen aus verschiedensten Fachbereichen das Wort.

Die *Glückpost* reagierte also auf mehreren Ebenen. Einerseits erweiterte sie den inhaltlichen Fokus auf die Männer, andererseits erhöhte sie die Anzahl von Expertinnen, die sich zu gewissen Themen äussern. Im Ergebnis wurde das Geschlechterverhältnis diverser und vielfältiger. Das zeigt, dass EqualVoice in einer Publikation in verschiedene Richtungen wirken kann. Am Ende bringt das mehr Abwechslung, Auffrischung und einen Mehrwert für die Lesenden.

EqualVoice hat sich oft als Instrument erwiesen, das sich an die verschiedensten redaktionellen Voraussetzungen anpassen kann und als Dynamo für redaktionelle Experimentierlust wirkt. Auch bei der Sprache hat die *Glückpost* leichte Adaptionen vorgenommen und die Redaktion dafür sensibilisiert, zunehmend beide Geschlechter zu erwähnen. Heute wird etwa von «Ärztinnen, Psychologen, Sozialarbeiterinnen und anderen Fachpersonen» gesprochen und nicht mehr nur von «Ärzten, Psychologen und Sozialarbeitern». Dabei war es wichtig, dass die Redaktion selbst das Tempo und den Grad der Veränderung bestimmt hat. Mit einem Lesepublikum, das teils seit vielen Jahrzehnten einen Sprachstil gewohnt ist, sind langsame Änderungen nötig und keine komplette Umstellung von einer Ausgabe auf die andere.

Und schliesslich lohnt sich für ein Magazin, das sich traditionellerweise an Frauen richtet, natürlich auch eine Diskussion über die transportierten Rollenbilder und Darstellungen und Zuordnungen von Geschlechtertypologisierungen. Die gleichberechtigte Grosselternrolle etwa oder Vorsorge- und Finanzthemen im Alter sind hier nur zwei von vielen Feldern, in denen eine möglichst genderneutrale Perspektive eingenommen werden kann – was am Ende bei beiden Geschlechtern zu mehr Bewusstsein und auch finanzieller Gerechtigkeit führen kann.

Von vielen dieser Learnings könnten umgekehrt auch klassische Männermagazine, die etwa auf Sport-, Lifestyle- und Modethemen fokussieren, profitieren. In der Auseinandersetzung mit EqualVoice könnte in den nächsten Jahren ein Fokus auf diese Art von Publikationen gelegt werden. Bisher liegen hierzu aber zu wenige Erfahrungswerte aus der redaktionellen Praxis vor.

Learnings für den Unterhaltungs- und Servicejournalismus und Frauenmagazine:

- Die Genderdebatte und die Analyse des Gender Visibility Gap haben in diesem Fall Männer im Fokus: Mehr Männerthemen werden in das redaktionelle Programm integriert.
- Obwohl als «Frauenmagazine» gelabelt, stammen Expertisen oftmals von Männern, etwa auch bei weiblichen Gesundheitsthemen. Hier können gezielt Frauen als Expertinnen integriert werden.
- Sprachstil und Bildsprache werden aufgrund teilweise jahrzehntelanger Rezeptionsroutinen des Publikums sensibel und langsam adaptiert.

Boulevardjournalismus

Für stark newsgetriebene und populäre Medienmarken ergeben sich in der EqualVoice-Debatte gleich mehrere Herausforderungen. Aufgrund ihrer Breitenwirkung bilden Boulevardmedien einen ganz entscheidenden Faktor beim Umgang mit Geschlechter- und Rollenklischees und stehen daher in einer besonderen Verantwortung.

Sie prägen mit ihren Darstellungen und Beschreibungen das, was die Öffentlichkeit als «normal» und akzeptabel definiert. Nicht umsonst gelten diese Titel von jeher als des Volkes Stimme, die sie möglichst genau erspüren, aber der sie nicht blind folgen sollten. Einige Boulevardmedien definieren es als Teil ihrer DNA, eben nicht besonders rücksichtsvoll oder gendersensibel zu formulieren. Zugespitzt und frech, knallig und auffällig, so sollen die Aufmachung und die Sprache sein. Frauen kommen in dieser alten Boulevardwelt entweder «nackt, tot oder als Opfer» vor (siehe das Interview mit Miriam Krekel, Seite 74).

Das hat sich inzwischen radikal verändert. Moderner Boulevardjournalismus versteht sich als informativer Journalismus, bildstark und mit Bewegtbild, nah beim Leser und bei der Leserin. Er hat sich von der alten Vorstellung, wie schreierischer Boulevardjournalismus zu sein hat, gelöst.

Auch die Unterscheidung von seriösem, ernstem und unterhaltendem Journalismus (E- und U-Journalismus) gilt in der neuen Medienwelt nur mehr beschränkt. Die Darstellungsformen und optischen Elemente, die früher nur massentaugliche

Praxis-Case: *Blick*

Die Transformation des *Blick* in den letzten Jahren zeigt, wie EqualVoice zu einem der Impulsgeber dieser Entwicklung werden konnte und eine Entwicklung, die schon vor EqualVoice in Gang kam, voranzutreiben vermochte. Die konkreten Herausforderungen im Umgang mit EqualVoice und dem Gender Visibility Gap sind beim *Blick* gewaltig. Einzelne Ressorts sind so gross wie ganze Redaktionen anderer Marken. Das Geschlechterverhältnis ist je Ressort sehr unterschiedlich; etwa gibt es weniger Frauen im Sport und in der Wirtschaft und mehr bei People- und Gesellschaftsthemen. Auch die Abhängigkeit von der Newslage ist viel ausgeprägter als bei Special-Interest-Titeln. Dementsprechend ist der EqualVoice-Faktor stärkeren Schwankungen ausgesetzt. Bei einer Weltlage, bei der männliche Protagonisten dominieren, oder auch bei der Wahl eines männlichen Bundesrats ist der Effekt auf den Faktor sofort spürbar.

Die EqualVoice-Arbeitsgruppe des *Blick* hat deshalb vielfältige Massnahmen ergriffen, um diese Herausforderungen anzugehen. Sie hat etwa eine eigene Charta entwickelt, die für die Marke und alle ihre Mitarbeitenden gilt. Neuen Mitarbeitenden wird sie jeweils präsentiert, und bestehende Redaktorinnen und Redaktoren können mit praxisnahen Tipps ihre Arbeit überprüfen. Die Charta kann auch für andere Redaktionen als Vorbild dienen, weshalb sie hier vollständig wiedergegeben wird.

EqualVoice-Richtlinien für die *Blick*-Gruppe

Die *Blick*-Gruppe toleriert keine Diskriminierung jedwelcher Art aufgrund von Geschlecht, Religion, Hautfarbe, Herkunft, sexueller Orientierung oder anderen Merkmalen. Die folgenden Standards betreffen die Gleichbehandlung der Geschlechter und haben das Ziel, dass unsere Arbeit nicht zur Herabwürdigung, Sexualisierung und Stereotypisierung beiträgt.

Wir behandeln alle Geschlechter gleich. Niemand wird aufgrund des Geschlechts besonders geschont oder kritisch behandelt. Im Zentrum stehen Tun und Handeln der Person, unabhängig vom Geschlecht. Äusserlichkeiten werden nur thematisiert, wenn sie von Belang sind.

Wir respektieren alle Geschlechteridentitäten. Wie sich eine Person identifiziert (non-binär, transgender etc.), ist ihre Sache. Sie wird als solche ernst genommen und entsprechend dargestellt.

Wir fördern keine Rollenklischees. Wir stellen Frauen und Männer als eigenständige und gleichwertige Personen dar. Viele Geschlechterrollen befinden sich im Wandel; diesen bilden wir ab und gestalten ihn mit.

- Wird die Vereinbarkeit von Beruf und Familie thematisiert, machen wir keine Unterschiede zwischen den Geschlechtern.
- «Powerfrau» oder «Karrierefrau» sind vermeintliche Komplimente. Tatsächlich betonen sie, dass eine beruflich erfolgreiche Frau die Ausnahme sei. Umkehrschluss: Niemand spricht vom «Power- oder Karrieremann». (Karrierist oder Karrieristin hingegen können beide sein.)

- Eine Frau kann durchaus in einer passiven Rolle neben dem prominenten Mann in Erscheinung treten, genauso wie ein Mann als «Anhängsel» der aktiven Frau.

Wir schreiben und reden inklusiv, verständlich, überlegt. Wir bevorzugen neutrale Begriffe (Feuerwehrleute statt -männer), wechseln männliche und weibliche Form ab oder benutzen beide. Generisches Femininum, Gendersternchen oder Doppelpunkt sind in bestimmten Formaten in bestimmten Kanälen möglich.

- Wir gehen sorgfältig mit Begriffen um. Wenn ein Mann seine Partnerin umbringt, ist das kein «Beziehungsdrama», sondern ein Tötungsdelikt oder, je nach Tatmotiv, ein Femizid. Aus ähnlichen Gründen falsch: «..., weil sie ihn betrogen hat» – das unterstellt eine Mitschuld.

- Niemand «landet in der Sexismus-Falle», sondern die Person wird für sexistische Äusserungen kritisiert.
- Wir zeigen das Wesentliche und das Passende. Menschen, die wir auf Fotos und im Bewegtbild zeigen, haben etwas mit der Geschichte zu tun und sind nie nur Dekoration. Sie werden angemessen dargestellt.
- Besondere Aufmerksamkeit gilt Symbolbildern und Stockfotos: Da wimmelt es von Geschlechterklischees, Anzüglichem und Stereotypen.
- Wir machen Frauen sichtbar. Wir zeigen die Realität und übertünchen nicht, wo es nach wie vor Ungleichgewichte zwischen den Geschlechtern gibt – aber wir befördern sie nicht. Im Gegenteil: Wir strengen uns an, Frauen in aktiven Rollen darzustellen und in die Öffentlichkeit zu bringen.

Kurzcheck EqualVoice

Mit 3 Fragen kommst du schon ziemlich weit:

1 Zur Story: Kommen Frauen vor? Wenn ja: Wie? Wenn nein: Warum nicht?

2 Zur Formulierung: Würde ich dasselbe über eine Frau, einen Mann sagen?

3 Zu Fotos: Du bist bei der Auswahl eines heiklen Geschlechtersujets unsicher?
Als Mann: Frag eine Kollegin um ihre Meinung.
Als Frau: Frag einen Kollegen.

Blätter nutzten, sind heute auch in kleineren Medien zu finden. Im Wettbewerb um Aufmerksamkeit auf dem Smartphone der Nutzerinnen und Nutzer sind Diskussionen über Formate aus der Printwelt ohnehin nicht mehr wirklich zielführend.

Aber läuft der populäre Journalismus damit Gefahr, zu brav zu werden, zu angepasst? Hier gilt es zu unterscheiden zwischen Mustern der Stereotypisierung, die inzwischen selbst vom Publikum nicht mehr goutiert werden, und einer Direktheit und Klarheit, die diese Form von Journalismus auszeichnet. Letztere dürfen im Bemühen um mehr Gendersensibilität nie verloren gehen. Sehr wohl kann aber über die notorische Darstellung von Frauenkörpern in unbekleideter Form nachgedacht werden. Nicht umsonst haben grosse Marken wie *Bild* oder *Blick* die «Seite-1- bzw. Seite-3-Girls» abgeschafft. Die Redaktion der *Bild*-Zeitung schrieb 2018 in einem Artikel an ihre Leserinnen und Leser, der erklärt, warum keine eigenen Oben-ohne-Bilder von Frauen mehr produziert und gezeigt werden:

«(...) natürlich dienen diese Fotos einem Hauptzweck. Sie sollen unterhalten, und zwar meistens Männer. Wir bei BILD glauben nicht, dass die Unterhaltung von Männern die Kränkung von Frauen in Kauf nehmen sollte (und natürlich auch nicht umgekehrt). Deswegen werden wir solche Fotos auch nicht mehr produzieren. (...) wir wollen vorsichtiger, nachdenklicher sein bei der Auswahl dieser Bilder. Der Blick von Frauen auf solche Fotos muss in unserer Zeit genauso wichtig sein wie der Blick von Männern.»

Es geht also um den Blick von Frauen auf das Produkt und die Marke. Das führt automatisch zu einem anderen Produkt und einem neuen Markenbild und beinhaltet das Potenzial, die Mehrheit der Bevölkerung, die Frauen sind, für ein Produkt zu begeistern, ganz in der Tradition der Massenblätter.

Die Debatte um Diversität und Genderrepräsentation ist also für das, was man Boulevardjournalismus nennt, aber heute eher als Massenjournalismus zu definieren ist, eine grosse Chance und ein Instrument, um eben genau diesen Massenjournalismus leisten zu können. Auch für Frauen.

Learnings für den Boulevardjournalismus:

- Die sprachliche Zuspitzung ist eine Kernaufgabe des Boulevardjournalismus. Dies geht auch reflektiert und unter Berücksichtigung von Aspekten von Diversität.
- Massenjournalismus soll nicht braver und angepasster werden im Bemühen um mehr Diversität, sondern schlicht ungerechte Stereotypisierungen vermeiden.
- Die Themenvielfalt des Boulevardjournalismus und die Grösse der entsprechenden Redaktionen erfordern eine ressortbezogene Auseinandersetzung mit dem EqualVoice-Faktor und dem Gender Visibility Gap.

Sportjournalismus

Der Sportjournalismus ist mit besonderen Herausforderungen im Umgang mit dem Gender Visibility Gap konfrontiert, denn nur 5 Prozent der Medienschaffenden in diesem Bereich sind weiblich, so eine Studie der ZHAW unter der Leitung von Vinzenz Wyss, über die das SRF 2019 berichtete. Zudem sind die grossen und kommerziell einträglichen Sportarten von Männern geprägt. Nur langsam vollzieht sich ein Umdenken, wenn etwa über die ungleiche Bezahlung von Frauen und Männern in Nationalteams oder die deutliche Unterrepräsentation von Frauen in diesem Bereich geschrieben wird.

Trotzdem besteht hier eine Art Huhn-Ei-Problem: Wenn wenig über Frauensportarten berichtet wird, werden Gelder aus der Werbung und von anderen Partnern nicht fliessen, da die Sportarten nicht populär sind. Und weil sie nicht populär sind, wird wenig darüber berichtet.

Die österreichische Studie «Gender Balance in der Sportberichterstattung?» aus dem Jahr 2021 berechnete, dass nur 7 Prozent des weltweiten Sportsponsorings in den Frauensport fliessen. Geringere Sichtbarkeit macht Frauensportarten damit für Sponsoren von vornherein unattraktiver.

Wenn also das Publikumsinteresse nicht stetig aufgebaut wird – auch über die Etablierung von Vorbildern, Stars und Rollenmodellen –, ist der Frauensport zu einem Nischendasein verdammt. Und wenn Sportlerinnen medial kaum präsent sind, reduziert das zudem die Chance für andere, ihrem Sport professionell nachzugehen.

Die enorme Popularität dieser journalistischen Sparte führt dazu, dass sie in der Prägung von Vorbildern und Labels besonders wirkungsmächtig ist. Gleichzeitig bleiben dem Sportjournalismus Debatten über die Darstellung von Sportlerinnen und möglichen Sexismus nicht erspart.

Debatte über Sexismus im Sportjournalismus

Die Diskussion über die Darstellung von Frauen wird redaktionell mit Kommentaren begleitet.

Ein Foto sorgt für Diskussionen

Ist das sexistisch?

Ein Bild der Fussballspielerin Alisha Lehmann in ihrer Arbeitskleidung, im Nati-Dress, von hinten, sorgt für Gesprächsstoff. Ist das sexistisch? «Nein», findet Blick-Sportchefin Steffi Buchli.

Ein Beispiel dafür ist die Diskussion über ein Cover des *Sonntagsblick Sport* mit der Fussballerin Alisha Lehmann. Sie wurde mit der Schlagzeile «Lehmann kehrt dem Fussball den Rücken» und einer Rückansicht auf dem Spielfeld gezeigt, also in der Rolle als Sportlerin, um die es im Text ging. Der Anlass für den Artikel: Die Fussballerin hatte ihren freiwilligen Verzicht auf die EM-Endrunde erklärt, weil sie sich mental nicht bereit fühlte, um bei der Euro zu spielen.

Daraufhin entbrannte unter den Leserinnen und Lesern eine Debatte, ob das Bild sexistisch sei. Die Antwort von *Blick*-Sportchefin Steffi Buchli reflektiert die komplexen Herausforderungen, vor denen Redaktionen bei dem Thema stehen:

«Wir wollten niemandem bös und stehen trotzdem mit einem halben Fuss im Fettnapf. Wie konnte es dazu kommen? #metoo hat unsere Sinne geschärft. Zum Glück. Wir sind aufmerksamer und sensitiver in der Darstellung von Frauen in den Medien geworden. Offenbar sind die Empfänger unserer Botschaft in diesem Fall sensibler als wir. Vielleicht zu Recht. Weil der Schweizer Sportjournalismus zu lange ignorant war und die tschuttenden Frauen weitgehend ignorierte. Wenn man sie zeigte, dann hat man eine lustige People-Story über ein ausgefallenes Hobby gemacht oder ein sexy Fotoshooting, um dann den nächsten Einsatz der Frauen in einem wichtigen Spiel zu verschlafen.»

Sie schliesst mit der Aussage, dass es nicht sexistisch sei, eine Frau von hinten in Sporthose und Fussballshirt zu zeigen. Das Bild stütze die Symbolik der Schlagzeile und sei daher berechtigt.

Der entscheidende Punkt: Die Sportredaktion des *Blick* reflektiert ihre Auseinandersetzung mit dem Thema in einem öffentlichen Kommentar, sodass das Publikum in die Diskussion involviert wird. Genau dies will die EqualVoice-Initiative auch in anderen Redaktionen erreichen. Die Diskussion über die Darstellung von Frauen soll offen und diskursiv geführt werden. Alle Redaktionen debattieren und analysieren, wie sie mit dem Thema umgehen wollen.

Das kann sich im Sportjournalismus auch auf Labels erstrecken, die gewissen Sportlern und Sportlerinnen angeheftet werden. Bei Männern sind das etwa «Titan», «King», «Dominator», «Torgarant» oder «Superstürmer». Starlabels für Frauen existieren ebenfalls, etwa «Powerfrau», «Super-Lady», «Ski-Königin» oder «Grande Dame». Die bereits genannte österreichische Studie stellte allerdings fest, dass bei männlichen Sportlern solche Labels auch unabhängig von gerade stattgefundenen Siegen vergeben werden, bei Frauen sind sie hingegen enger an das jeweilige Ereignis oder an einen Sieg geknüpft.

Andere Analysen fokussieren auf Fragen, die Sportler und Sportlerinnen nach Interviews gestellt bekommen. So wurde etwa für die amerikanische Studie «Tie-breaker: Using labels to quantify gender bias in sports journalism» (2016) eine Datenbank mit Interviews nach Tennisspielen, die zwischen 2000 und 2005 gespielt wurden, zusammengestellt. Es handelt sich um 6467 Interviewtranskripte und 81 906 Frageausschnitte, die 167 Spielerinnen und 191 Spielern gestellt wurden. Analysiert wurde, welche Fragen spielbezogen waren und welche eher nicht (etwa Fragen nach dem Privatleben der Sportlerinnen und Sportler). Die Studie zeigte, dass Männern deutlich öfter spielbezogene Fragen gestellt wurden als Frauen. Diese mussten aufgrund eines Genderbias eher Fragen beantworten, die nichts mit dem Spiel zu tun hatten, als Männer. Die Ergebnisse verdeutlichen, dass in der Sportberichterstattung selbst in den kurzen Fragen nach einem Spiel ein Genderbias zum Ausdruck kommen kann und dass die Reflexion darüber gefragt ist – zum Beispiel auch darüber, ob bei Sportlerinnen (ähnlich wie bei Politikerinnen) besonders auf den Trainer, dem sie ihren Erfolg zu verdanken habe, fokussiert wird.

«Künstliche Intelligenz widerspiegelt immer die Ideen wie auch die Grenzen der Menschen, die sie entwickelt haben. Um KI verantwortungsvoll zu entwickeln und einzusetzen, brauchen wir daher diverse Perspektiven am Tisch – sie entscheiden über die grundlegenden digitalen Eckpfeiler unserer Zukunft.»

Léa Steinacker, KI-Expertin

Learnings für den Sportjournalismus:

- Der Sportjournalismus steht angesichts der geringeren Repräsentation von Frauensport und der kleinen Anzahl an Sportjournalistinnen vor besonderen Herausforderungen im Umgang mit dem Gender Visibility Gap.
- Die Popularität des journalistischen Ressorts hat eine enorme Wirkung und schlägt sich direkt auf die Möglichkeit von Frauen, zu «Stars» zu werden und Sponsorengelder zu generieren, nieder. Ohne solche mediale Rollenvorbilder werden Sponsorengelder hingegen bei den Männern verbleiben.
- Die Berichterstattung im Sportjournalismus muss sensibel mit Sprachbildern und Labels umgehen, die für Männer und Frauen genutzt werden. Das gilt auch für das Genre der Fragen nach dem Spiel.

Datenjournalismus

Die Analyse und attraktive Darstellung von grossen Datenmengen hat sich zu einer wichtigen Sparte journalistischer Arbeit entwickelt. Datenjournalistische Projekte haben das Potenzial, hochkomplexe Zusammenhänge für ein breites Publikum verständlich zu machen, und erfüllen ein grundlegendes, journalistisches Ziel: Fakten so darzustellen, dass sie verstanden, reflektiert und möglichst breit rezipiert werden.

Datenjournalistische Arbeiten sind aber auch mit einer besonderen Verantwortung konfrontiert. Sie arbeiten mit Material, von dem man ausgeht, dass es zu 100 Prozent rational, faktenbasiert und damit in gewisser Weise unanfechtbar ist. Dabei ist klar, dass die Sammlung und Auswertung von Daten anfällig für Bias aller Art ist – im Speziellen auch für Genderbias.

Ein Problem ist etwa, dass nach Geschlecht unterscheidbare Daten nicht immer verfügbar sind oder dass in der Erhebung kein Fokus auf das Geschlecht gelegt wird. Dieses «Undercounting» kann zu einer geringeren Repräsentation von Frauen führen und verzichtet folglich auf eine Dimension der Interpretation dieser Daten.

Der komplexe Vorgang des Data Scraping, also der Beschaffung von Daten und der Aufarbeitung dieser Daten, muss daher das Risiko eines möglichen Genderbias in jedem dieser Schritte mit reflektieren. Dass Daten nicht verfügbar sind oder dass ein Bias nicht ausgeschlossen werden kann, sollte in datenjournalistischen Projekten genauso transparent gemacht werden wie die Daten, mit denen gearbeitet wird.

Daten sind immer ein von jemandem gewählter Ausschnitt der Realität. Was als messwürdig angesehen wird, was es in ein Dataset schafft und was nicht, welche Kategorien interpretiert werden sollen und welche nicht, sind ganz entscheidende Fragen, die ein Datenjournalist oder eine Datenjournalistin reflektieren sollte. Die enorme Dynamik des Felds der künstlichen Intelligenz und der Genderbias in Datensätzen legt etwa Caroline Criado-Perez in ihrem Bestseller «Invisible Women: Data Bias in a World Designed for Men» offen.

Selbst OpenAI, der Anbieter des KI-Diensts Dall-E, das 2023 Millionen Menschen begeisterte, schreibt in seinem «Risk and Limitations»-Dokument: «DALL·E 2 additionally inherits various biases from its training data, and its outputs sometimes reinforce societal stereotypes.» Die Nachfolgeversion Dall-E 2 erbe also Bias aus dem Training mit vorhandenen Daten und verstärke manchmal sogar gesellschaftliche Stereotype. Diese vorhandenen Daten sind nicht selten redaktionelle Beiträge, und zwar auch solche, die ihrerseits auf Daten basieren und Daten interpretieren. Hier zeigt sich, dass redaktionelle Inhalte, die Genderstereotype reproduzieren, in einer Weise multipliziert werden und auf die Gesellschaft wirken, wie es vor der Massennutzung von KI-Tools nur eingeschränkt der Fall war.

Die Beschäftigung mit diesen Problemen ist eine zusätzliche Herausforderung für ein Feld, das ohnehin eine hohe analytische, technologische Kompetenz und einen entsprechenden Zeitaufwand erfordert. Dieser muss für datenjournalistische Projekte ermöglicht und betreffende Journalistinnen und Journalisten müssen zu dieser Reflexionsarbeit ermutigt werden.

Der darauffolgende Prozess des Storytellings, also der journalistischen Umsetzung von Daten in einer Story, lässt sich mit vielen anderen Bereichen des Journalismus vergleichen. Der Datenjournalismus steht aber im besonderen Fokus und in einer besonderen Verantwortung, wenn es darum geht, die Reproduktion von Genderbias und -stereotype zu verhindern.

Wie spannend die differenzierte Analyse von Datensätzen und -material sein kann, zeigt sich etwa, wenn man analysiert, ob und wann Männer und Frauen als Experten bzw. Expertinnen zitiert werden oder ob lediglich über sie berichtet wird, ohne Statement. Eine Auswertung mit dieser Fragestellung lief über vier Tage in den Medienfirmen Reach PLC aus Grossbritannien, Nikkei aus Japan, Deutsche Welle aus Deutschland und AFP aus Frankreich durch das LSE JournalismAI Collab.

Das Ergebnis: Der Prozentsatz der Frauen, die als Quellen zitiert werden, ist etwas höher als der Prozentsatz der Frauen, über die generell berichtet wird. Dieses Verhältnis war auch in einer breiteren Analyse der Forschungsinstitution sichtbar. Die Verantwortlichen der Erhebung halten es für möglich, dass sich in diesem kleinen Unterschied das Bemühen abbildet, mehr Frauen als Expertinnen zu zitieren, und schliessen daraus, dass das vielleicht der journalistisch «einfachere» Weg ist, Frauen abzubilden.

Dieses Beispiel zeigt: Datenjournalismus, der sich die Zeit nimmt, noch mehr Kategorien und Differenzierungen zuzulassen, erlaubt Rückschlüsse, die sonst nicht möglich wären. Und es zeigt ausserdem, dass nicht nur Zitate von Frauen in Medien vorkommen sollen, sondern dass sie auch ganz selbstverständlich Objekte der Berichterstattung werden müssen. Dass sie mehr Zitate liefern, ist dabei nur der erste Schritt.

Learnings für den Datenjournalismus:

- Viele Datasets haben einen Gender Data Gap: Der Prozess der Auswahl und der Definition dessen, was erhebungswürdig ist, kann von Genderbias geprägt sein.
- Die Nichtverfügbarkeit von Genderdaten sollte in einem datenjournalistischen Projekt transparent gemacht werden, genauso wie andere Aspekte des sogenannten Undercounting. Damit legt der Datenjournalismus die Bedingungen seiner Arbeit offen.
- Die Nutzung von KI-Tools in der journalistischen Arbeit greift auf künstliche Intelligenz zurück, die Stereotype geerbt hat. Die Reflexion darüber gehört zur Nutzung von KI-Tools.

Kinder- und Teenagerjournalismus

Journalistische Angebote, die sich an Kinder und Jugendliche richten, prägen deren Bild von der Welt, von ihren Chancen und Möglichkeiten und von Geschlechterrollen mit (siehe auch das Interview mit Iris Bohnet, Seite 120). Die rosafarbene Welt von Mädchenzeitschriften, voller Ponys, Feen und stets hübschen, freundlichen Mädchen, transportiert ein einengendes Rollenbild. Genauso einseitig sind Zeitschriften, die sich an Jungen richten und mit einem Fokus auf Abenteuer und Technik den wagemutigen und dafür belohnten Jungen beschreiben.

Diese klare Unterscheidung in Rollen und Motive für Jungen bzw. für Mädchen wird nicht nur in der Medienbranche inzwischen aufgebrochen. Junge Unternehmen wie etwa das Schweizer Fashion-Start-up Mint Girls stellen Mädchenkleider mit Motiven her, die man typischerweise nur auf Jungs-T-Shirts sieht: Drachen, Raketen, Autos und so weiter. Denn warum sollten Mädchen, die Roboter und Planeten mögen, ihre Kleidung in der Bubenabteilung kaufen müssen?

Auch Autorinnen und Autoren tragen dazu bei, wichtige Themen gendersensibel zu behandeln. So etwa Mara Harvey, heutige CEO der VP Bank Schweiz, die mit ihren Kinderbüchern zur Financial Literacy auch Mädchen aufzeigt, dass Geld kein fremdes oder zumindest keine geschlechtsatypische Angelegenheit sein muss.

In der Medienwelt gibt es inzwischen ebenfalls Produkte, die einen anderen Ansatz zu den lange üblichen Mädchen- und Jungenzeitschriften verfolgen. So verschreibt sich etwa *Kaleio – Das Magazin für Mädchen (und den Rest der Welt)* aus Basel einer anderen Form von Kinderjournalismus: Es zwängt Mädchen nicht in Rollenklischees, sondern zeigt ihnen anhand von vielfältigen (weiblichen) Rollenmodellen in Text und Bild, was für unterschiedliche Lebensentwürfe möglich sind. Mit diesem Produkt, das die Welt aus vornehmlich weiblicher Perspektive zeigt, möchten die Herausgeberinnen ein Gegengewicht zum - auch in Kindermedien - vornehmlich männlichen Weltbild setzen.

Schon lange und vom anderen Ende her verfolgt die Eltern- und Familienzeitschrift *Fritz+Fränzi* diesen klischeefreien und dafür journalistisch neugierigen Ansatz. Sie hat damit das Genre des Journalismus für Eltern, Lehrpersonen und Erziehungsinteressierte geprägt. In der Publikation finden sich viele Ideen für eine Erziehung, die Kinder bestärkt und nicht in Stereotype drängt.

Der Journalismus für Kinder ist in besonderer Weise gefordert, Dinge und Phänomene zu vereinfachen und verständlich zu machen. Daher ist er auch anfällig für Stereotypisierungen. Diese sind gleichbedeutend mit Vereinfachung, aber auch Verflachung, da die Realität vielfältiger ist als ein Stereotyp.

Umso anspruchsvoller ist der vermeintlich «einfache» Journalismus für Kinder und Jugendliche. Wer nicht Jahrzehnte an Leseerfahrung bei seinem Publikum voraussetzen kann, wer also

mit Leserinnen und Lesern zu tun hat, die erstmals mit einem Medium in Berührung kommen, prägt nicht nur Rollenbilder mit, sondern den Umgang mit Medien per se. Wenn in Kinder- und Teenagerzeitschriften Geschlechterklischees gezeigt und damit bei Kindern ein Fundament für eine stereotypische Weltwahrnehmung gelegt wird, werden diese bei der späteren Mediennutzung nachwirken.

Wenn hingegen bereits bei der ersten Berührung mit einem Magazin, Buch oder Onlinemedium journalistische Neugier jenseits von rosa und hellblauen Harmoniewelten gefördert wird, ist das der Startschuss für Medienkonsumentinnen und -konsumenten, die eine andere Lesekarriere haben werden.

Auch im Journalismus für Kinder und Teenager zeigt sich also, dass der reflektierte Umgang mit Geschlechterklischees und Rollenerwartungen für publizistische Chancen, für eine neue (Bild-)Sprache und damit für ein neues Publikum sorgen kann.

Ebenso speziell ist in diesem Genre die enge Koppelung von Kindermedien an Figuren aus dem Bereich Fiktion, an Rollenbilder aus Filmen, Spielen und Hörspielen. Genauso wie in anderen journalistischen Bereichen lohnt die Debatte zwischen Medien und den Akteurinnen und Akteuren der Berichterstattung oder der Branche, über die berichtet wird: Wie kann Diversität in der Literatur, in Filmen für Kinder abgebildet werden, und wie werden diese Inhalte von Medien nachgefragt? Welche neuen Rollenmodelle werden von den Drehbuchautorinnen und -autoren entwickelt, und wie finden diese in den Medien statt? Welches Feedback kommt aus dem Publikum, und wie kann dieses wiederum in der Branche reflektiert werden?

Kurzum: Es geht um die Debatte über eine Weiterentwicklung, um journalistische Neugier und um Platz für neue publizistische Formate. Für Kinder- und Teenagerjournalismus macht daher besonders die Diskussion über den EqualFrame Sinn, also die publizistische Debatte über die Art der Inhalte und Formate, in denen Geschlechterrollen behandelt werden.

Dabei geht es nicht ausschliesslich darum, beispielsweise eine Vielfalt in möglichen Berufsrollen für Mädchen und Jungen darzustellen, sondern auch darum, Phänomene unserer Zeit, wie Körperbilder, die von Social Media mitgeprägt werden, familiär herausfordernde Situationen wie Trennungen oder Themen wie Tod und Krankheit so zu behandeln, dass sie nicht Frauen in reinen Opferrollen, sondern als Akteurinnen und Problemlöserinnen zeigen.

In keinem Genre trifft der Spruch «You can only be what you can see» auf die Leserinnen und Leser so sehr zu wie in diesem Bereich. Wo das Bild von der Welt noch so sehr in der Entstehung ist, müssen möglichst viele Möglichkeiten für junge Menschen aufgezeigt werden.

Learnings für den Kinder- und Teenagerjournalismus:

- Der Kinder- und Teenagerjournalismus bildet den Startpunkt der Leser- und Leserinnenkarriere. Wie Medien in dieser Kategorie mit Stereotypen und Geschlechterrollen umgehen, hat eine prägende Wirkung.
- Journalismus für Kinder muss vereinfachen und ist daher anfällig für Stereotypisierungen. Dem entgegenzuwirken, erfordert eine besondere Sensibilität und journalistische Professionalität in einer nur vermeintlich «einfachen» Sparte des Journalismus.
- Die Eltern müssen beim Kinderjournalismus idealerweise eingebunden werden. Denn die Reflexion der Inhalte erfolgt in der Regel gemeinsam mit den Eltern (oder Lehrpersonen). Deshalb bieten viele Kinder- und Jugendmagazine ergänzende Angebote für Eltern und Lehrpersonen an.

Journalismus für Mädchen (und den Rest der Welt)

Kaleio zeigt seinen Leserinnen zwischen 8 und 13 Jahren, was Mädchen und Frauen alles sein können, fernab von Rollenklischees.

Kulturjournalismus

Wenige journalistische Bereiche stehen so sehr im Fokus der Debatte um Diversität wie das Feuilleton und der Kulturjournalismus. Der Begriff der Wokeness, der abwechselnd als eine wichtige Eigenschaft moderner Menschen oder als Kampfbegriff und Attacke auf die Meinungsfreiheit gesehen wird, ist erst im Feuilleton populär geworden, nachdem er in der akademischen Welt entstanden ist.

Museum, Theater, Oper: Alle wichtigen Bühnen der Kunst sind mit der Debatte um Diversität und Wokeness – und einem möglichen Zuviel oder Zuwenig davon – konfrontiert. Nur das Thema des Klimawandels und der damit einhergehenden Bedrohung für den Planeten dürfte noch mehr Platz in den Debatten einnehmen.

Was bedeuten EqualVoice und der Umgang mit dem Gender Visibility Gap nun in diesem Kontext, also in der Berichterstattung über akademische Debatten, über Kunst, Kultur, Musik, Theater, Oper und Bücher? Ein immer wieder genannter Kritikpunkt an EqualVoice, nämlich dass journalistische Arbeit nicht mit Zahlen analysiert, bewertet und debattiert werden kann, ist im Bereich des Kulturjournalismus besonders virulent.

Die Kunst- und Literaturkritik geht vom individuellen Geschmack des Kritikers (und seltener der Kritikerin) aus. Dieses Urteil ist genauso wie der Produktionsprozess des Künstlers (und seltener der Künstlerin) jeder Beurteilung entrückt. Hier spielt das Bild eines Geniekults eine Rolle, der dem Autor und der Autorin eine Ebene zuweist, die für profane Analysen und Auswertungen nicht erreichbar ist.

Wer beispielweise durch ein modernes Museum spaziert, heute noch vor allem im englischsprachigen Raum, etwa im Kunstmuseum der britischen Stadt Manchester, findet neben klassischen Gemälden Tafeln, auf denen mit Kreide Einschätzungen, Kontextualisierungen und Kritiken vonseiten der Museumsangestellten festgehalten sind.

Nun provoziert aber gerade in der Kulturwelt das Thema Gender offenbar besonders ausführliche Debatten. Die Analyse des Anteils von Frauen, die Kunst- und Literaturpreise gewinnen (meist tun es Männer), findet statt und ist oftmals mit Protesten verknüpft. Die ganze #metoo-Bewegung kommt aus der Film- und Kulturwelt und hat sich von dort in andere Bereiche der Gesellschaft ausgebreitet.

Viele Kulturinstitutionen haben sich dem Ziel von «Diversität» verschrieben, die aber unterschiedlich interpretiert wird und Unterschiedliches heissen kann. Geschlechterrollen sind im Feuilleton und in der Kunstkritik ein wichtiger Topos, und die Debatte über trans Menschen wird auch im Feuilleton intensiv geführt.

Kaum ein Bereich steht also so sehr im Fokus der Debatte und nimmt gleichzeitig teilweise für sich in Anspruch, von der Diskussion nicht berührt werden zu dürfen. Für das Feuilleton bietet sich aber dennoch oder gerade deshalb eine quantitative und qualitative Analyse im Rahmen von EqualVoice an. Im ersten, quantitativen Schritt geht es ganz klassisch darum, die Zahl von Frauen in Artikeln zu erfassen.

Der zweite Schritt ist die qualitative Debatte. Diese inkludiert durchaus den Anteil von Frauen in Autorinnen- und Künstlerinnenrollen. Wie hoch ist etwa der Anteil von Schweizer Künstlerinnen, die in einem Jahr eine Einzelausstellung erhalten haben, und wie hoch der Anteil von Künstlern? Und wie viele Einzelausstellun-

«Frauen waren schon immer ein wichtiger Teil der Kultur. Aber im Laufe der Geschichte wurden sie oft übersehen, unterbewertet und blieben unerwähnt. Es ist an der Zeit, dies zu ändern.»

Carolina Müller-Möhl, Unternehmerin und Philantrophin

gen wurden beurteilt, und waren es die von Männern oder die von Frauen? Oder wie hoch ist der Anteil von Frauen bei den Neuerscheinungen der wichtigsten Verlage eines Landes? Welche davon wurden mit einem Artikel bedacht und welche nicht? Und gibt es dafür Gründe, oder sind es schlicht Routinen, die daher rühren, dass der etablierte Autor nun mal seit Jahrzehnten seinen Platz hat und für Autorinnen keiner mehr zur Verfügung steht?

Dass der Kulturjournalismus (meist unterhalb der Führungsebene) oft von Frauen geprägt wird, die etwa in Kulturredaktionen die Mehrheit bilden, wird gerne ins Feld geführt, um zu belegen, dass EqualVoice in diesem Feld überflüssig sei. Da EqualVoice aber nicht «FemaleVoice» heisst, besteht der Ansatz hier darin, herauszufinden, warum sich (auf redaktioneller Seite) weniger Männer in diesem Bereich wiederfinden, das heisst, wie die Stimme und Kritik von Männern ihren Ausdruck findet und wie sie gefördert werden kann – genauso wie die Stimme von Redaktorinnen in fast ausschliesslichen Männerdomänen wie dem Wirtschaftsjournalismus.

Gemeinsam hat der Kulturjournalismus mit allen anderen journalistischen Ressorts, dass sich Routinen, auch Rechercheroutinen, einschleichen und dass oftmals die gleichen (männlichen) Ansprechpartner kontaktiert werden. Hier kann der Fokus durchaus breiter werden: Welche Expertin für den Impressionismus kommt zu Wort? Welche Spezialistin für moderne Literatur wird interviewt? Und welche Experten kommen seit Jahrzehnten vor, und können neue Stimmen nicht neue Perspektiven einbringen, die auch für das Publikum bereichernd sind - und im besten Fall sogar ein neues Publikum erschliessen?

Medien, die Kulturberichterstattung betreiben, könnten auch gemeinsam eine Expertinnenliste für Themen aus der Kultur aufbauen und davon profitieren. Des Weiteren lohnt sich der Austausch mit Akademikerinnen und Expertinnen in diesem Bereich, weil diese den Einstieg in die Debatten erleichtern können. Für Feuilleton und Kulturjournalismus ist zudem eine selbstkritische Reflexion über das Thema Diversität in Inhalt und Strukturen ein Weg, den Anschluss an jüngere Menschen nicht zu verlieren, die diese Diskussion sonst über ihre Social-Media-Kanäle austragen oder in neuen Onlineportalen vorantreiben.

Learnings für den Kulturjournalismus:

- Redaktionelle Bereiche, die Debatten über Gender und gesellschaftliche Entwicklungen zum Inhalt haben, können diese Aspekte in ihrer Praxis untersuchen, ohne ihre Unabhängigkeit zu den Themen zu verlieren, indem sie sich an Fakten orientieren, Pro- und Kontra-Stimmen Platz geben und eine Bühne für eine Debatte zum Thema bieten.
- Rechercheroutinen, Expertinnendatenbanken und publizistische Kritiken unter dem Aspekt der Genderdiversität zu analysieren, lohnt sich für die Kulturberichterstattung.
- Selbst in redaktionellen Bereichen, die von Frauen geprägt sind, wie dem Kulturjournalismus, sind EqualVoice-Debatten nicht überflüssig. Hier geht es darum, zu analysieren, wie Männer in dem Bereich gefördert werden können und warum ein Bereich auf redaktioneller Seite zwar von Frauen geprägt, aber auf Akteursseite von Männern dominiert wird.

Interne Kommunikation

Die interne Kommunikation wurde von der EqualVoice-Initiative genauso erfasst wie die Publikationen, die sich an das externe Publikum richten. Das Ringier-Mitarbeitendenmagazin *Domo*

Tipps zum Umgang mit dem Gender Visibility Gap für die interne und externe Kommunikation

- **Nutzung des EqualVoice-Faktors:** Das Analysetool kann auch genutzt werden, um die Genderrepräsentation in Medienmitteilungen, Corporate-Newsroom-Artikeln und externer Kommunikation zu analysieren.
- **Stimmen unterhalb des C-Levels zu Wort kommen lassen:** Es muss nicht immer der oder die CEO zu einem Thema sprechen. Leiterinnen und Leiter grosser Abteilungen oder Geschäftszweige können gezielt in Medienmitteilungen, Mediengesprächen oder Porträts für die interne Kommunikation gefeaturt werden.
- **Sichtbarkeit bewusst fördern:** Manche Geschäftsbereiche erhalten in der Öffentlichkeit, intern und extern, besonders viel Aufmerksamkeit. Oftmals gibt es aber auch abseits der grossen, bekannten Bereiche eines Untenehmens innovative Lösungen oder Erfolgsstorys. Diese gezielt zu suchen und zu präsentieren, stärkt die Integration im Unternehmen.
- **An Karrieren und Geschichten dranbleiben:** Die Repräsentation von Frauen und anderen Gruppen in Unternehmen darf kein One-Shot sein. Wenn die interne Kommunikation mit journalistischer Neugier Karriereverläufe und Entwicklungen von Persönlichkeiten verfolgt, wird die interne Kommunikation zur gefragten Infoquelle und nicht bloss zu einer Abbildung des C-Levels.

etwa, das auf Deutsch, Englisch und Französisch publiziert wird und Storys und Entwicklungen innerhalb des Unternehmens begleitet und abbildet, konnte seit Start der Initiative die Sichtbarkeit von Frauen erhöhen.

Während es etwa im Zeitraum von 2018 bis 2020 keine Frau auf das Cover von *Domo* geschafft hatte, waren es ab 2020 gleich mehrere Frauen, darunter *Blick*-Sportchefin Steffi Buchli, Chief Innovation Officer Petra Ehmann und die slowakische Ringier-Journalistin Pavla Holcová. In vielen Storys wurde das Bemühen um Diversität und Gleichstellung im Unternehmen redaktionell begleitet und mit Beispielen illustriert.

Auch hier zeigt sich: EqualVoice ist kein isoliert auf die klassischen Medienmarken fokussiertes Projekt. Vielmehr kann die Auseinandersetzung mit dem Gender Visibility Gap Impulse für die interne und externe Öffentlichkeitsarbeit geben. Denn wer sichtbar ist, fördert die eigene Vernetzung im Unternehmen. Das bringt mehr Karrierechancen für die Porträtierten mit sich und zahlt auf das Ziel ein, mehr Frauen in Führungspositionen zu bringen.

Gleichzeitig hilft es in der externen Kommunikation, wenn es Akteurinnen gibt, die auf Branchenkongressen, für Interviews mit Fachmagazinen oder auch für interne Schulungen eingesetzt werden können. Wer das Thema Diversität zwar fördern will, aber keine diversen Stimmen hat, die sich zum Business äussern können, hat ein Glaubwürdigkeitsproblem.

Auch interne Kommunikatoren und Kommunikatorinnen oder Corporate Newsrooms können den EqualVoice-Faktor für ihre News nutzen – und sollten es auch tun. Denn Redaktionen können sich noch so bemühen, Akteurinnen zu finden – wenn die Unternehmen, Parteien und Verbände stets Männer zu Wort kommen lassen und aufstrebenden weiblichen Persönlichkeiten etwa in Medienmitteilungen oder der internen Kommunikation kein Gehör verschaffen, bringt dies die Sichtbarkeit von Frauen in der Öffentlichkeit nicht voran.

Die Auswertung, wer wie oft in der internen Kommunikation, aber auch der externen Pressearbeit eines Unternehmens vorkommt, ist wesentlich: Mitarbeitende leiten daraus ab, wer wichtig ist, wer eine Stimme bekommt und wessen Argumente und Projekt debattiert werden sollen.

Die interne und externe Kommunikation hat durch diese Massnahmen zudem einen spürbaren Effekt auf die Rekrutierung von Talenten. Wie Themen intern behandelt werden und wer extern zu Themen zu Wort kommen darf, hat eine Signal-

Interne Schlagzeilen

Cover des Mitarbeitendenmagazins *Domo*.

wirkung, die genau registriert wird. Wenn das Thema Diversität gefördert werden soll und der Gender Visibility Gap analysiert wird, gilt auch hier: Die interne und externe Kommunikation muss mit an Bord sein.

Learnings für die interne Kommunikation:

- Ein kritischer Blick auf Pressemitteilungen und interne News lohnt sich: Wer wird abgebildet und wie oft? Wie divers sind die Akteure und Akteurinnen?
- Alle Akteure und Akteurinnen eines Unternehmens sollen mit Gender- bzw. Diversity-Themen konfrontiert werden: Diversity ist nicht nur etwas für das HR oder die Diversitäts-beauftragten. Spannend wird die Auseinandersetzung mit dem Thema, wenn auch Finanzabteilung, Tochterfirmen und alle denkbaren Bereiche dazu befragt und ihre Lösungen und Argumente präsentiert werden.
- Die Integration des Faktors Diversität in interne und externe Kommunikation wirkt sich positiv aufs Recruiting aus.

Wer Diversität fördern will, aber keine diversen Stimmen hat, die sich zum Business äussern, hat ein Glaubwürdigkeitsproblem.

«Vorbilder zeigen,
dass etwas möglich ist.»

Iris Bohnet ist Professorin an der Harvard University und gehört weltweit zu den renommiertesten Forscherinnen zum Thema Gender.

Medien konstruieren Rollenvorbilder mit und wirken damit auf die Gesellschaft. Welche Bedeutung haben Role Models auf dem Weg zur Gleichstellung der Geschlechter?

Menschen orientieren sich an Vorbildern. Wenn wir keine Pfleger sehen, können wir uns nicht vorstellen, dass Männer diesen Beruf erfolgreich ausüben können. Und das Gleiche gilt selbstverständlich für Frauen: Viele von uns haben wahrscheinlich zunächst etwas konsterniert reagiert, als wir das erste Mal auf einem Flug von einer Pilotin begrüsst wurden. Doch gemäss einer französischen Studie von Clementine van Effenterre reicht bereits eine Stunde mit einem erfolgreichen weiblichen MINT-Vorbild, um Schülerinnen dazu zu motivieren, vermehrt MINT-Fächer zu belegen. Hier gilt: «Seeing is believing.» Auch in Indien zeigte die Forschung, dass sich Frauen mehr trauen, an einer Gemeindeversammlung das Wort zu ergreifen, wenn sie sich einer Bürgermeisterin gegenübersehen. Und Eltern in diesen Gemeinden geben an, dass sie sich für ihre Töchter eine politische Karriere wünschen. Wie Sie sehen, hat dies wenig mit Statistik zu tun. Weibliche Vorbilder bewirken auch dann etwas, wenn die Mehrheit der Menschen in ihrem Bereich, beispielsweise in der Politik oder Mathematik, männlich ist. Vorbilder zeigen, dass etwas möglich ist, und häufig genügt das, um das Mögliche real werden zu lassen.

Das Team in einem Newsroom prägt die Inhalte eines Mediums. Wie kann die Diversität eines Teams sichergestellt werden? Welche Daten sollte man dazu erheben?

Die Diversität eines Teams ist natürlich wichtig, aber ich muss hier klarstellen, dass wir alle von Stereotypen beeinflusst sind. Um auf das genannte Beispiel zurückzugreifen: Frauen zeigen sich genauso überrascht wie Männer, wenn sie das erste Mal einer Pilotin begegnen. Wir werden ja schon von klein auf dazu erzogen, Frauen und Männer in bestimmten Rollen zu sehen. Zum Beispiel als Prinzessin, die vom Helden gerettet werden muss. Diesbezüglich haben uns die Brüder Grimm keinen Gefallen getan.

Aber nebst Stereotypen sollten wir uns auch vor der menschlichen Neigung in Acht nehmen, Leute zu bevorzugen, die so aussehen wie wir selbst. Wir haben vor ein paar Jahren eine global tätige amerikanische Anwaltskanzlei analysiert und dabei herausgefunden, dass die mehrheitlich männlichen, amerikanischen und weissen Partner bevorzugt Anwälte förderten, die so aussahen wie sie selbst. Es war für jemanden ausserhalb dieses Schemas fast unmöglich, an die wichtigen Deals heranzukommen oder sich anderweitig zu profilieren. Am liebsten arbeiteten die Partner mit jemandem zusammen, der zusätzlich an derselben Law School studiert hatte. Als Folge dieses In-Group-Bias stellen wir also häufig nicht die beste Person für den Job an, sondern diejenige, die uns aus anderen Gründen nahesteht. Im Journalismus wie auch in der Wirtschaft, Politik und Wissenschaft brauchen wir aber das beste Talent. Daten können helfen, solche unproduktiven Seilschaften aufzudecken. Man kann sich etwa fragen, wie viele Männer und Frauen sich bewerben und wie viele Männer bzw. Frauen wir anstellen. Oder wer – im Vergleich zu allen möglichen Beförderungen – befördert wird.

EqualVoice arbeitet nicht mit Quoten oder ähnlichen Instrumenten, sondern mit Selbstverpflichtungen der Redaktionen. Hat das aus verhaltensökonomischer Sicht mehr Vorteile oder mehr Nachteile?
Das lässt sich nur schwierig allgemein beantworten. Quoten verändern, was wir sehen, von einem Tag auf den anderen. Das ist ihr grosser Vorteil. In Finnland galt zum Beispiel eine 40-Prozent-Quote für männliche Primarschullehrer. Diese wurde 1989 abgeschafft, woraufhin der Anteil Männer an den Schulen schrumpfte. Die Forschung von Ursina Schaede von der Universität Zürich und Ville Mankki von der University of Turku zeigt, dass sich dies negativ auf die Schüler und Schüle-

rinnen auswirkte. So, wie es in Indien relevant war, wer politische Verantwortung innehatte, war es hier von Bedeutung, wer unterrichtete. Der Nachteil von Quoten ist, dass nur wenige Menschen Quotenfrauen oder Quotenmänner sein möchten, da die meisten fürchten, dass dies ihre Glaubwürdigkeit unterminiert.

Bei Selbstverpflichtungen dauert es länger, bis wir Veränderungen sehen, dafür haben sie nicht den eben erwähnten Nachteil. Es kommt also darauf an, wie viel Geduld wir haben und wie hoch die Hürden sind, die wir überwinden müssen. Wenn wir nur auf Selbstverpflichtung vertraut hätten, wäre zum Beispiel Kinderarbeit viel später abgeschafft worden. Aber EqualVoice macht ja mehr, als nur auf Selbstverantwortung zu setzen. Die Initiative versucht über die publizistische Debatte auch zu verändern, was wir als normativ akzeptabel erachten. In der Verhaltensökonomie nennen wir das «Norm Entrepreneurship». Wenn wir die Daten eins zu eins vor uns sehen, erkennen vielleicht viele, dass es beispielsweise nicht okay ist, Frauen mehrheitlich als Opfer darzustellen und Männer als Führungspersonen. Dieser Gruppendruck kann dazu beitragen, dass Journalisten und Journalistinnen auch mal über den Tellerrand hinausschauen, um etwa eine Astronautin oder einen Kindergärtner zu Wort kommen zu lassen.

Im Rahmen der Ringier-internen Diskussion über Diversität im Newsroom kommt immer wieder die Beobachtung auf, dass auch die Sitzungskultur einen Einfluss darauf hat, ob Stereotype reproduziert werden. Wie ist Ihre Einschätzung dazu?
Wenn wir Gleichberechtigung tatsächlich eine Chance geben wollen, müssen wir selbstverständlich sowohl unsere formellen Prozesse im Personalwesen als auch unsere Firmenkultur anschauen. Geht es in Sitzungen um die Sache oder darum, recht zu behalten? Welche Rolle spielen Hierarchien? Trauen sich alle, kontroverse Themen aufzubringen und dazu Stellung zu nehmen, oder muss man um die Karriere fürchten, wenn man das tut? Und während ich das sage, hadere ich ein wenig, denn natürlich ist auch das deutsche «man» nicht geschlechtsneutral. Die meisten denken bei dem Wort eben nicht an eine Frau. Hier appelliere ich an Sie: Sprache spielt auch eine Rolle. Als Journalistinnen und Journalisten können Sie also einen Unterschied machen.

Doch zurück zu den Sitzungen: Eine Sitzung professionell zu führen, ist nicht einfach, und nur wenige haben das gelernt. In Sitzungen zeigt sich, wer Macht hat. Manche haben sich vielleicht schon vor der Sitzung getroffen und sich abgesprochen, was für die Ausgeschlossenen dann sehr unangenehm ist. Die extensive Forschung zu «Groupthink» zeigt überdies, dass eine Gruppe häufig schlechtere Entscheidungen trifft, als wenn die Meinungen der einzelnen Gruppenmitglieder dezentral erhoben und dann zusammengeführt werden.

Wie können unbewusste Bias die journalistische Arbeit beeinflussen? Wie kann man sich dieser bewusst werden? Gibt es Rückfragen, die man sich selbst stellen kann?
Vorurteile und Stereotype beeinflussen uns alle, also auch Journalisten und Journalistinnen. Leider bin ich nicht sehr optimistisch, dass es ausreicht, Rückfragen an sich selbst zu stellen, auch wenn das sicher besser ist, als Entscheidungen ohne Hinterfragen und unter Zeitdruck zu fällen. Wir verlassen uns mehr auf Faustregeln, wenn wir im Stress sind. Aber Reflexion allein genügt nicht. Besser wäre es, diesen Prozess der Reflexion zu automatisieren. Ich meine damit, Instrumente so aufzubauen, dass wir automatisch daran erinnert werden, wenn wir in unserer Berichterstattung auf Stereotype zurückgreifen. Datentools sind hierfür extrem hilfreich. Ich benutze etwa einen Decoder, wenn ich ein Empfehlungsschreiben aufsetze, einfach, um sicherzustellen, dass ich die Doktorandin nicht hauptsächlich als kollaborativ und

den Doktoranden als visionär bezeichne oder ihre Forschung weniger detailliert beschreibe als seine. Die Evidenz zeigt, dass wir dazu neigen, dies zu tun.

Die Sportberichterstattung ist diesbezüglich sehr interessant. In meinen Vorlesungen zeige ich manchmal, wie eine olympische Goldmedaille im Schwimmen der Siegerin eine Randnotiz mit kleinem Bild einbrachte, eine Silbermedaille eines Mannes in der gleichen Disziplin an denselben Olympischen Spielen aber ein grosses Foto und einen halbseitigen Bericht wert war. Auch das US-Fussballteam der Frauen ist von Bias betroffen, obwohl alle zustimmen, dass Fussballerinnen in den Vereinigten Staaten viel erfolgreicher sind als ihre Kollegen. Im Gegensatz zu den Frauen waren die Männer noch nie Weltmeister und qualifizieren sich manchmal gar nicht, verdienen aber trotzdem viel mehr. Dabei sollte Leistung doch einfach gleich belohnt werden, durch mediale Präsenz oder im Salär, und zwar unabhängig davon, ob jemand männlich oder weiblich ist.

Was sind die häufigsten Bias in der Rekrutierung, und wie können diese überwunden werden?
Im Allgemeinen sollten wir auf unstrukturierte Interviews verzichten und diese durch strukturierte ersetzen, sodass wir

allen Kandidaten und Kandidatinnen die gleichen Fragen stellen und diese dann komparativ evaluieren können. Zudem überschätzen wir die Aussagekraft von Interviews. Besser wäre es, sich daran zu orientieren, wie sich eine Person in Kontexten schlägt, die dann tatsächlich etwas mit der zukünftigen Arbeit zu tun haben. Im Fall von Medienunternehmen also vielleicht als Autorin, Nachrichtensprecher, Sitzungsleiterin oder Krisenmanager, je nachdem, welche Kompetenzen für den Job relevant sind.

Wir erleben eine enorme Popularisierung von KI-Tools wie ChatGPT, die teilweise Stereotype reproduzieren. Hat das Bemühen um Diversität noch eine Chance?
Auf jeden Fall! Der Vorteil eines Algorithmus ist, dass wir dessen Auswirkungen relativ einfach messen können. Das gilt auch für ChatGPT. Wir sollten Algorithmen ähnlich behandeln wie Medikamente: Die meisten von uns können die chemische Zusammensetzung eines Medikaments nicht beurteilen, aber wir wissen, dass es vor der Zulassung getestet worden ist. Es braucht sozusagen einen «TÜV für Algorithmen», um die deutsche Prüf-, Inspektions- und Zertifizierungslösung hier einzubringen. Es gibt auch tatsächlich schon erste Ansätze dafür, aber es besteht noch viel Hand-

lungsbedarf. KI hat riesiges Potenzial, aber wir dürfen diese Technologie nicht einfach sich selbst überlassen.

Immer wieder fällt im Rahmen von EqualVoice der Satz «You can only be what you can see». Lässt sich dieser Satz aus Ihrer Forschung heraus belegen?

Es gibt, wie bereits erwähnt, tatsächlich viel Evidenz dafür. Auch in der Schweiz werden im Moment interessante Studien dazu durchgeführt, etwa ob Vorbilder auch in Schweizer Schulen dazu führen können, dass sich mehr Männer trauen, Pflegeberufe zu wählen, und Frauen entscheiden, Automechanikerinnen zu werden. Denn dass die Berufswahl nicht genetisch bedingt ist, wissen wir schon lange. In Norwegen zum Beispiel ist im Ingenieurwesen und in der Wissenschaft die Mehrheit weiblich, nicht aber in der Schweiz. Oder in Deutschland lag im Jahr 2019 der Anteil von Ingenieurinnen und Wissenschaftlerinnen in Mecklenburg-Vorpommern bei fast 50 Prozent, aber in Baden-Württemberg bei weniger als 30 Prozent. Es gibt also sogar im selben Land enorme Unterschiede, die man zwar zum Teil historisch erklären kann. Aber es zeigt: Veränderung ist möglich, und Vorbilder spielen hier eine wichtige Rolle. Der Anteil von Studentinnen am Massachusetts Institute of Technology – wie die

ETH eine der weltweit führenden Universitäten in MINT-Fächern – ist in den letzten 20 Jahren dramatisch angestiegen. Beinahe 48 Prozent der Undergraduates sind inzwischen weiblich. Das geschieht aber nicht einfach so, sondern ist das Resultat einer gezielten Kampagne, in der geschlechterspezifische Barrieren abgebaut wurden. Und dabei kann auch ein ausgewogener Journalismus helfen.

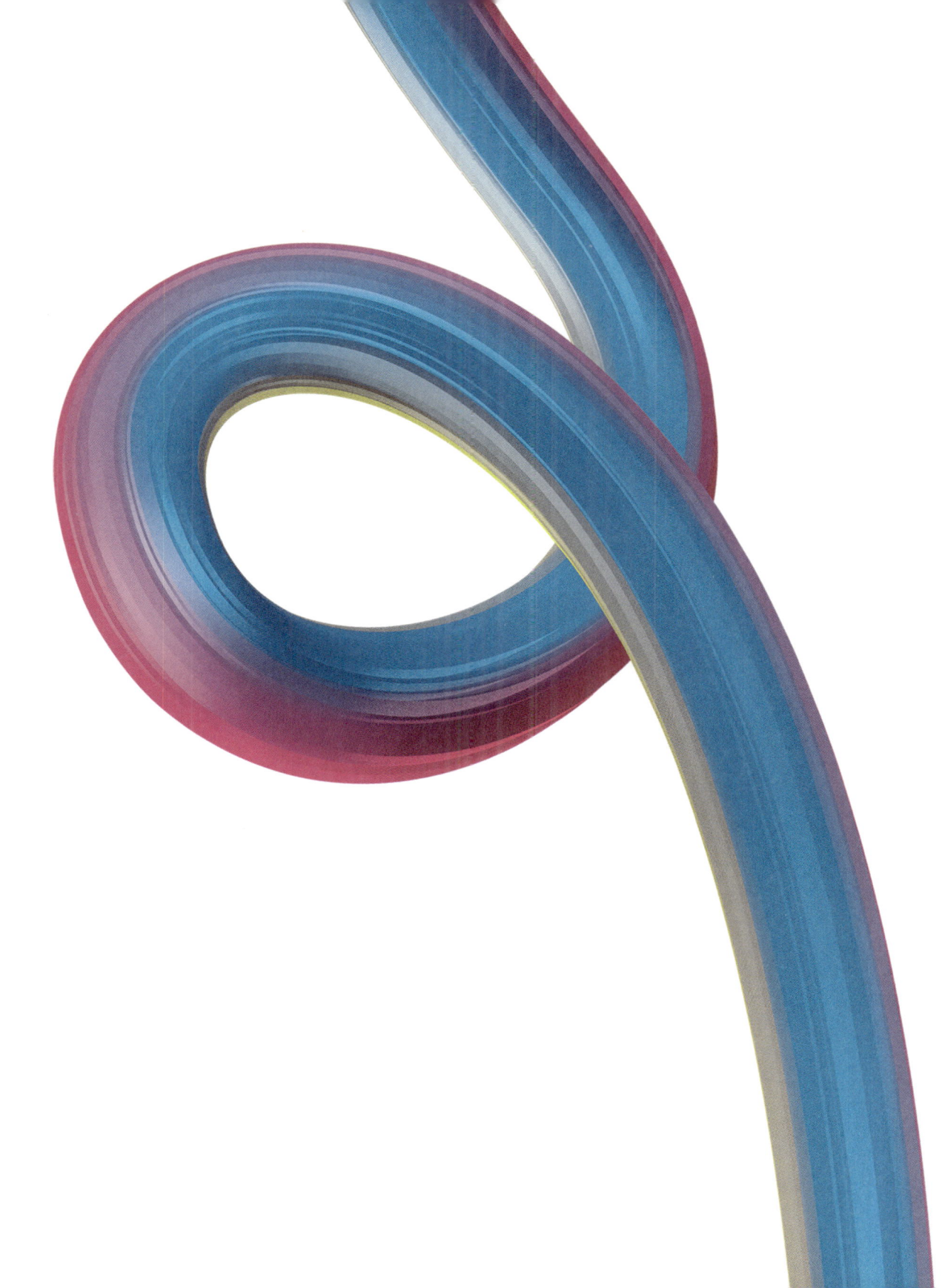

Eine internationale Bewegung

Die EqualVoice-Initiative expandiert in ganz Europa und überzeugt viele Unternehmen, auch über die Medienbranche hinaus, sich mit dem Gender Visibility Gap auseinanderzusetzen.

Ein Scale-up-Projekt

EqualVoice ist schnell über Ringier hinaus auf Interesse gestossen. Viele Berichte in Branchenpublikationen und Gespräche mit Medienmanagerinnen und -managern sowie Journalisten und Journalistinnen anderer Verlage haben gezeigt, dass das Thema Diversität in Medien immer dringlicher wird.

Inzwischen wird der EqualVoice-Faktor in mehr als 30 Newsrooms in ganz Europa errechnet. 50 Millionen Nutzerinnen und Nutzer erhalten ihre Informationen aus Newsrooms, die mit dem EqualVoice-Faktor arbeiten und sich des Gender Visibility Gap bewusst sind.

Zwischen Redaktionen der verschiedenen Länder und einzelnen Journalistinnen und Journalisten hat sich ein europäisches Netzwerk gebildet, in dem Best-Practice-Erfahrungen ausgetauscht werden und der Dialog über Genderrepräsentation und Diversität in der Medienbranche länder- und auch spartenübergreifend geführt wird.

Der Dialog wird länder- und spartenübergreifend geführt.

Der EqualVoice Summit

EqualVoice versteht sich als ein Programm für mehr Sichtbarkeit von Frauen in der Öffentlichkeit. Mit dem ersten EqualVoice Summit am 2. Mai 2022 in Zürich sollte dieses Anliegen ein Maximum an Reichweite erhalten und der Startschuss für ein Konferenzformat gegeben werden, das sich künftig als Plattform für das Thema Gender und Gleichstellung in Medien etablieren will.

Das Ziel der Initiatorinnen von EqualVoice war es von Anfang an, das Konzept, das Genderbewusstsein und Diversity in Medien stärkt, über die Grenzen von Ringier, aber auch der Schweiz hinauszutragen. Nur wenn sich möglichst viele Marktteilnehmende und Branchenkolleginnen und -kollegen dem Ziel anschliessen und mit der EqualVoice-Technologie arbeiten, kann das Instrument zum Standard avancieren.

Ein erster wichtiger Schritt auf dem Weg zum Branchenstandard wurde auf dem EqualVoice Summit gemacht. Mit Menschenrechtsanwältin Amal Clooney, Bundesrätin und Justizministerin Karin Keller-Sutter, der Verhaltensökonomin Prof. Iris Bohnet von der Harvard University, Mariana Santos, Gründerin und CEO von Chicas Poderosas, Carolina Müller-Möhl, Gründerin und Präsidentin der Müller-Möhl Foundation, Zürcher Stadtpräsidentin Corine Mauch sowie Brittany Kaiser, Mitbegründerin der Own Your Data Foundation, war die Gästeliste prominent besetzt. Den Abschluss des EqualVoice Summit bildete ein Konzertauftritt der Singer-Songwriterin Amy Macdonald. Ziel war es, den Dialog über Sichtbarkeit und Diversität in Medien voranzutreiben.

Auf einem Panel diskutierten etwa Aleksandra Karasińska, Chefredaktorin der polnischen *Forbes Women*, Nicole Schwab, Director Nature-Based Solutions WEF, Mathias Döpfner, CEO Axel Springer SE, sowie Christian Van Thillo, Executive Chairman der belgisch-holländischen DPG Media Group, über die Verantwortung der Medien rund um Gleichstellung.

Zum Abschluss des Summit unterzeichneten die Verlage Ringier, Axel Springer SE, DPG Media und die World Association of News Publishers (WAN-IFRA) den «EqualVoice Pledge». Das Versprechen lautet, dass die Medienunternehmen die Gleichstellung der Geschlechter in ihren Firmen unterstützen, Massnahmen zur Förderung der Geschlechtergleichstellung einführen und die Idee von EqualVoice mit den jeweiligen Medienmarken umsetzen. Zudem soll der Nutzen der Gleichstellung der Geschlechter öffentlich kommuniziert werden.

Der zweite EqualVoice Summit fand am 6. Juni 2023 statt und hatte wiederum zum Ziel, hochrangige Führungskräfte zusammenzubringen, um einen konstruktiven Dialog über Geschlechtergleichstellung in den Medien zu starten. Die Veranstaltung beleuchtete die Kraft der Bilder aus verschiedenen Perspektiven und analysierte die Bedeutung von Geschlechtergleichstellung in der visuellen Darstellung.

Stargast des Abends war die US-amerikanische Schauspielerin Geena Davis, die mit ihrem Geena Davis Institute on Gender in Media viele Daten und Forschungsbeiträge zum Thema geliefert hat. Das Institut hat mehrere gross angelegte Studien zur Darstellung von Geschlechterrollen in der Unterhaltungsindustrie durchgeführt. Eine davon analysierte die Unterschiede in den Sprechrollen für Männer und Frauen sowie die Art der Rollen, die Männer und Frauen auf der Leinwand verkörpern.

Im Anschluss daran begeisterte die Sängerin und Songwriterin Anastacia den Summit mit einem Auftritt. Daten aus den Bereichen Film, Kultur und Museen lieferte beim EqualVoice Summit auch Carolina Müller-Möhl, die die Forschung im Bereich Gender Equality auf vielen Ebenen vorantreibt. So werden über 90 Prozent der klassischen Konzerte von Männern dirigiert, und auch in Museen dominiert die männliche Perspektive, sei es bei ausgestellten Künstlern als auch bei Kuratoren und Direktoren.

«Als Frauen sind wir zwar nicht in der Minderheit, aber es gibt eine einzigartige Verbindung zwischen uns. Diese Verbindung ist nicht geografisch. Oder religiös. Oder kulturell. Was uns eint, sind unsere Erfahrungen – Erfahrungen, die nur Frauen machen, und Herausforderungen, denen sich nur Frauen stellen müssen.»

Amal Clooney, Menschenrechtsanwältin,
auf dem ersten EqualVoice Summit

Ausserdem lieferte Maria Furtwängler, Schauspielerin und ehemalige Ärztin, Daten aus der Filmindustrie, die sie mit ihrer Malisa-Stiftung erhoben hat. Auch hier zeigte sich eine deutliche Unterrepräsentation von Frauen, etwa bei Produzentinnen oder Expertinnen, die im Fernsehen vorkommen.

Helen Hoehne, Präsidentin der Hollywood Foreign Press Association, gab einen Einblick in ihre Arbeit bei den Golden Globes, einem der renommiertesten Preise der internationalen Entertainmentindustrie. Sie versucht, das Thema Diversität und Gender bei der Zusammensetzung der Jury, die die Preise vergibt, genauso zu berücksichtigen wie bei Filmen, die für den Preis nominiert werden. Und trotz viel Anstrengung ist die Diversität in Hollywood und bei den Filmstudios noch lange nicht da, wo sie sein sollte.

«Die Gleichstellung der Geschlechter ist ein Grundpfeiler einer gerechten und integrativen Gesellschaft, in der jeder Einzelne wertgeschätzt wird und die Möglichkeit hat, sich zu entfalten.»

Helen Hoehne, Präsidentin der Hollywood Foreign Press Association, beim zweiten EqualVoice Summit

Expansion mit Axel Springer

Beim ersten EqualVoice Summit wurde bekanntgegeben, dass die Axel Springer SE, ein Medienkonzern, der in 40 Ländern tätig ist, die EqualVoice-Initiative unterstützt und den EqualVoice-Faktor bei seinen Medienmarken einsetzen würde. Der Start sollte mit der *B.Z. Berlin*, der grössten Boulevardzeitung der deutschen Hauptstadt, erfolgen (siehe dazu das Interview mit Miriam Krekel, Seite 74). Dann war ein weiteres Roll-out bei den Marken *Bild* und *Welt* vorgesehen.

Diese Ansage verlieh dem ganzen Projekt Schwung für das Roll-out in anderen Ländern. Mit der Integration von EqualVoice in den führenden Medienhäusern der Schweiz und Deutschlands, also von Ringier und Axel Springer, hat die Initiative das Level eines Branchenstandards erreicht. Keine andere Diversity-KI wird inzwischen in so vielen Redaktionen in Europa eingesetzt wie EqualVoice.

Mathias Döpfner, CEO von Axel Springer SE, äusserte sich wie folgt: «Diversity und Gender Balance sind unverzichtbar für einen zukunftsträchtigen Journalismus. Deswegen wollen wir mit EqualVoice und anderen Initiativen diesen Wandel vorantreiben. Wir setzen uns dafür ein, dass alle Geschlechter und auch Nationalitäten, Religionen, Hautfarben oder sexuellen Orientierungen fair repräsentiert werden. Das ist mir und allen Axel-Springer-Marken ein besonderes Anliegen und unser Ziel für die kommenden Jahre. Die EqualVoice-Technologie ist ein effektives Tool, um Bewusstsein in den Redaktionen zu schaffen und so die diverse Berichterstattung nachhaltig als Standard zu etablieren.»

Das grosse Ziel der EqualVoice-Projektgruppe war es, die Zahl vor 50 Millionen Nutzerinnen und Nutzern zu erreichen, die Medienprodukte konsumieren, die mit dem EqualVoice-Faktor arbeiten. Dieses Ziel war damit erreicht. Man war auf dem Weg zur gerechteren Geschlechterrepräsentation in europäischen Medien einen deutlichen Schritt vorangekommen.

Da die KI-Technologie von EqualVoice momentan mit allen Sprachen, die die lateinische Schrift verwenden, funktioniert, ist das Roll-out-Potenzial in ganz Europa gross. Selbst wenn die Implementation oder die Überzeugungsarbeit bei neuen Verlagen nicht immer leicht ist: Eine häufige Frage lautet etwa, ob Ringier mit dem Projekt kommerzielle Interessen verfolge oder ob die Daten, die für die Auswertung an Ringier geliefert werden, sicher seien.

Tatsächlich sind die Gebühren für die Nutzung des EqualVoice-Messsystems nur so hoch wie die Selbstkosten der Software und der Auswertungsschritte. Auch der Datenschutz ist gewährleistet, da die Daten nach der Analyse umgehend wieder an die Marke, die EqualVoice nutzt, zurückgespielt werden (siehe auch Interview mit Merlin Bauer, Seite 60).

Andere unterstützten das Projekt von Anfang an, so etwa die Chefredaktionen in den Medienmarken des polnischen Joint Venture Ringier Axel Springer Polska, wo EqualVoice ab 2021 eingesetzt werden konnte.

Die Validierung durch die ETH

Für ein Diversity-Tool, das den Anspruch hat, Millionen von Medienartikeln treffsicher zu analysieren, ist eine ständige Verbesserung und Prüfung der Technologie Pflicht. Die Glaubwürdigkeit des EqualVoice-Faktors konnte 2022 durch eine gesonderte Validierung durch die Eidgenössische Technische Hochschule (ETH) unterstrichen werden. Das heisst, das Messverfahren des EqualVoice-Faktors wurde von der ETH geprüft, und ein wissenschaftlich dokumentierter Nachweis wurde erbracht. Dr. Vanessa Wood, Professorin am Institut für Elektronik und Vizepräsidentin für Wissenstransfer und Wirtschaftsbeziehungen, präsentierte den Teilnehmenden des ersten EqualVoice Summit die Untersuchungsergebnisse und Qualitätsmerkmale des Faktors.

Eine der ETH-Spezialistinnen und -Spezialisten, die die Validierung durchgeführt haben, ist Dr. Laura Espuny Mascarell. Sie führte mit ihren Kollegen und Kolleginnen Interviews mit den Verantwortlichen von EqualVoice durch, vor allem auch mit jenen, die an der technischen Umsetzung beteiligt waren. Ausserdem stellten diese dem ETH-Team einen Datensatz zur Verfügung, den die *Blick*-Redaktion zur Überprüfung der Qualität der automatischen Vorhersagen verwendete. «Der Datensatz enthält die Vorhersagen der Algorithmen, und wir haben die Informationen über das ‹True Label› manuell kommentiert», erklärt Espuny Mascarell. «So konnten wir einen besseren Einblick in die Genauigkeit der Algorithmen und die Art der Fehler gewinnen.» Beim Truth Labeling werden die Ergebnisse des maschinellen Lernens in der realen Welt auf ihre Genauigkeit überprüft.

Am Ende lieferte die ETH einen schriftlichen Bericht über drei verschiedene Aspekte des EqualVoice-Faktors: einmal über die implementierten Verfahren und Modelle zur automatischen Erkennung von Personen und Geschlecht in Texten und Bildern, dann zur Berechnung und Interpretierbarkeit des EqualVoice-Faktors und schliesslich zur Genauigkeit der Algorithmen unter Verwendung des Prüf-Datensatzes aus dem *Blick*-Newsroom.

Wichtig war dabei auch, festzustellen, dass sich keine Bias in den Faktor einschleichen. Das Problem der geschlechtsspezifischen Voreingenommenheit (oder allgemeiner Voreingenommenheit) ist ein wichtiges Forschungsgebiet in der natürlichen Sprachverarbeitung, dem Natural Language Processing (NLP). Viele der Ressourcen und Daten, die zur Durchführung von NLP-Aufgaben zur Verfügung stehen, würden Verzerrungen enthalten, sagt Espuny Mascarell. Daher können Modelle, die mit solchen Daten trainiert werden, diese Verzerrungen reproduzieren. Es gibt zwar Forschungen und Methoden, um solche geschlechtsspezifischen Verzerrungen abzuschwächen, aber es gibt noch keine Lösung, die sie in allen Szenarien verhindern kann. «In jedem Fall ist es wichtig, sich dieses Problems bewusst zu sein», betont die Expertin.

Wenn der Faktor um substanzielle Elemente erweitert oder die Analyse umgestellt wird, ist eine weitere Validierung ratsam, um Bias oder technische Probleme zu verhindern.

Roll-out in Osteuropa

Die Expansion in Polen erfolgte bereits ein Jahr nach dem Start von EqualVoice in der Schweiz. Dadurch, dass gewisse Managementfunktionen für Osteuropa in Zürich gebündelt waren, lief der Austausch direkt, und die Verantwortlichen hatten das Thema von Anfang an auf ihrer Agenda.

Geholfen hat ausserdem, dass die polnischen Publikationen auf dem gleichen Content-Management-System wie die Medien in der Schweiz arbeiten. Das erleichterte die Verarbeitung und Auswertung der Artikelinhalte erheblich. Die Herausforderung für den Start in Polen war viel eher, dass er auf dem Höhepunkt der Covid-19-Pandemie erfolgen musste. Wie in der Schweiz (siehe Seite 48) erlebten also auch in Polen die Redaktionen die Lancierung von EqualVoice aus dem Homeoffice. Der Kick-off-Event fand komplett virtuell statt. Dass aber viele Vorlagen und Abläufe aus dem ersten Schweizer EqualVoice-Jahr bereits etabliert waren, führte dazu, dass die polnischen Medien trotz Pandemie und Homeoffice schnell ihre Erfahrungen mit dem EqualVoice-Faktor machen konnten.

Kritisch bemängelt wurde in Polen, wie auch in manchen anderen Redaktionen, dass die EqualVoice-Daten nicht transparent genug für alle seien, das heisst, dass nicht alle Redaktorinnen und Redaktoren jederzeit Zugriff auf die Daten hätten. Auch aus Erfahrung in anderen Newsrooms empfiehlt sich hier maximale Transparenz. Denn selbst wenn die Daten regelmässig per Newsletter verschickt werden, ist es besser, jedem Redaktor und jeder Redaktorin den direkten Zugriff auf die Daten zu ermöglichen.

Publizistische Debatten in Polen

Aus der publizistischen Debatte in den polnischen Redaktionen resultieren interessante und auch überraschende Beiträge und Erkenntnisse. Beispielsweise profitieren die dortigen Wirtschaftsmedien von einer neuen Generation von Managerinnen, die den Boom der polnischen Wirtschaft in den letzten zehn Jahren mitgeprägt haben. Mit einem viel diskutierten Cover über lesbische Managerinnen sorgte etwa das Magazin *Forbes Women* für Aufruhr im Land.

Auffällig ist auch die vergleichsweise hohe Zahl an leitenden Funktionen, die in den polnischen Redaktionen von Frauen einge-

«Ich fand es interessant, wie Ringier Frauen in Texten und Bildern sichtbarer machen wollte. Ich fand die Idee, das auf Firmen auszuweiten, spannend und habe mich deshalb auch engagiert und an der EqualVoice-Charta mitgeschrieben.»

André Nauer, CEO ISS

nommen werden, sowie grosser Events, die von den Wirtschaftsmedien durchgeführt werden und eine neue Generation von Wirtschaftsfrauen mit Inhalten und Karrieretipps begleiten.

Manche Inhalte sind im Zuge der EqualVoice-Debatte und teilweise bereits davor auch verschwunden: Kolumnen etwa, die teilweise das Bodyshaming von Prominenten zum Thema hatten, wurden im Verlauf der Diskussion gestrichen und durch andere Inhalte ersetzt. Die gestrichenen Kolumnen fokussierten zum Beispiel auf den Körper von Promis und warfen die Frage auf, ob sie gewisse Kleider bei einer Filmpremiere tragen sollten oder nicht. Mit teils bissiger Ironie wurden so etwa polnische Prominente mit US-Prominenten verglichen. Und obwohl diese Beiträge grosse Klickbringer waren, entschieden sich die Verantwortlichen dafür, diese Form von Journalismus nicht mehr zu präsentieren. Der Fokus lag zu sehr auf dem Körper der Promis und zu wenig auf der Kleidung selbst. Alles, was in die Nähe von Bodyshaming gerückt werden könnte, hatte nach der EqualVoice-Debatte keinen Platz mehr.

Für die polnischen Politikmagazine wiederum war und ist es eine Herausforderung, dass es zwar viele Parlamentarierinnen im polnischen Parlament gibt, die Sprecherrollen aber fast ausschliesslich von Männern besetzt werden. Bei Interviewanfragen werden dementsprechend stets die männlichen Fraktionsvorsteher in den Loop genommen, wodurch trotz vieler Frauen im Parlament nur wenige weibliche Stimmen zu hören sind. Beobachtet wird das auch im Hinblick auf den Ukrainekrieg: 90 Prozent der Personen, die diesen Krieg in Polen kommentieren, sind Männer.

Auch Klickbringer werden im Zuge der EqualVoice-Debatte kritisch hinterfragt.

EqualVoice sorgt in Polen auch für eine andere strukturelle Debatte: Viele Expertinnen lehnen Interviewanfragen ab, da sie für die Zeit des Interviews keine Kinderbetreuung finden können. Die Redaktionen debattieren darüber, wie eine Betreuungsmöglichkeit für Interviewpartnerinnen bereitgestellt und bezahlt werden kann, um deren Bereitschaft und den Anteil von Frauen in der Berichterstattung zu steigern.

Nicht zuletzt geht es auch in Polen um das Thema Nacktheit. Das Tabloidformat *Fakt* etwa setzt immer noch auf das Seite-1-Mädchen, das zum Beispiel der *Blick* vor längerer Zeit abgeschafft hat. Die Debatte handelt unter anderem davon, ob man auf die Reichweite, die diese Inhalte generieren, verzichten soll – vor allem in Newsrooms, die stark nach Trafficzahlen funktionieren und deren Erfolgskriterien auch Traffic-KPIs sind. Die verantwortlichen Redaktorinnen und Redaktoren brachten in Redaktionsworkshops zu Recht das Argument ein, dass, wenn solche Inhalte weniger stark gewichtet würden, auch die Trafficzahlen neu gelesen werden müssten und etwa auch der EqualVoice-Faktor in der Bewertung eines Newsrooms relevanter werden müsse. Trafficbringer abzuschaffen, ohne beispielsweise einen Diversitätsfaktor höher zu gewichten, könne nicht funktionieren.

Die EqualVoice-Debatte sorgt auch für neue publizistische Ideen. So brachte etwa das grosse polnische Onlineportal *Onet* während des Finalspiels der WM in Katar einen Liveticker nicht nur zum Fussball, sondern auch zum Thema, wie Frauen im Wüstenstaat diskriminiert werden, und zwar in allen Aspekten des täglichen Lebens.

Und schliesslich prägen nicht zuletzt Persönlichkeiten wie Justyna Łukawska Themen, die früher eher mit Männern assoziiert wurden. Sie ist Chefin des Ressorts «Law & Money» bei *Fakt.* Über das Massenblatt schafft sie es, Financial Literacy in unterschiedlichsten Gesellschaftsschichten zu verankern und damit selbst zum Role Model zu werden.

EqualVoice in der Wirtschaft

Das Projekt EqualVoice ist über die Medienindustrie hinaus auf Interesse gestossen. Die systematische und datenbasierte Vorgehensweise ist ein Weg, den viele Firmen bei ihren Diversity-Initiativen gehen möchten.

«Ich befördere»: Die Erreichung von mehr Diversität in Führungsrollen gelingt nur,
wenn Führungskräfte ihre Muster be Beförderungen hinterfragen.

Während also EqualVoice zunächst mit anderen Medienhäusern zusammenarbeitete und das Roll-out aufgrund der Skalierbarkeit des Tools stetig voranschritt, stellte sich die Frage, wie das Interesse anderer Unternehmen an der Initiative aufgefangen werden könne und ob sich die Initiative überhaupt über die Medienbranche hinaus öffnen solle.

Hier galt es sich auf die Kernwerte von EqualVoice zu besinnen: EqualVoice arbeitet datengetrieben und zielorientiert. Es versteht sich als Plattform für Best Practice auf dem Weg zu mehr Diversität. EqualVoice ist kein Wissenssilo, sondern inspiriert innerhalb und ausserhalb des Unternehmens. Und EqualVoice will eine Wirkung in der Breite und ist ein Wachstumsprojekt.

In Gesprächen mit Unternehmen wurde allerdings schnell klar, dass es nicht nur darum gehen kann, dass interessierte Firmen den EqualVoice-Faktor beispielsweise in ihren Corporate Newsrooms einsetzen und damit das Verhältnis der Geschlechter messen. Das kann ein wichtiger Beitrag sein, auch damit Medien in Pressemitteilungen öfter auf Frauen stossen, die dann auf Expertinnenlisten gesetzt werden können und damit die Berichterstattung diverser machen. Und für die Chefs und Chefinnen der grossen Firmen war klar, dass es um ein systematisches Tracking ihrer Fortschritte beim Thema gehen muss. Denn in der Wirtschaft sind Frauen den Männern längst nicht gleichgestellt. Während sie in Medien mit einem Visibility Gap zu kämpfen haben, ist es in der Wirtschaft der viel diskutierte Pay Gap, aber auch andere Probleme, die die Karrieren von Frauen verlangsamen.

So steigen immer noch viele Frauen, die sich in der Mitte ihrer Karriere oder im mittleren Management befinden, aus dem Arbeitsleben aus. Ein Grund dafür ist, dass Unternehmen die Diversität ihrer Angestellten zu wenig berücksichtigen und wenig Flexibilität in der Karriereplanung, beim Wiedereinstieg, für Teilzeitarbeit auf Topebene oder für Topsharing-Modelle zeigen. Eine Kultur zu etablieren, in der sich alle akzeptiert fühlen, ist aufwendig – einige Unternehmenslenkerinnen und -lenker scheuen diesen Aufwand oder tun ihn als «Gedöns» ab. Auch Karrierenetzwerke und «old boy networks» führen immer noch dazu, dass die Aufstiegs- und Vernetzungschancen von Frauen geringer sind. Der Anteil von Frauen in Verwaltungsräten und Führungsgremien ist in der Schweiz immer noch deutlich geringer als der von Männern. Zwar wächst ihr Anteil langsam, aber nicht schnell genug, um auch nur annähernd eine Parität in den nächsten Jahren zu erreichen.

Die Erstunterzeichnenden der Charta EqualVoice United

V. l. n. r.: Mariateresa Vacalli (CEO Bank Cler AG), Valérie Schelker (Head of Human Resources Schweizerische Post), Severina Pascu (Deputy CEO / COO Sunrise UPC GmbH), Sarah Kreienbühl (Member of the Directorate General of the Federation of Migros Cooperatives MGB), Roland Fischer (CEO OC Oerlikon AG), Simona Scarpaleggia (Board Member EDGE Strategy), Daniela Massaro (Country Manager Switzerland Mastercard), Fritz Von Hardenberg (CFO Central and Southern Europe eBay Marketplaces GmbH), Julia Braun (Chief People & Culture Officer and Member of the Management Board ISS Schweiz), Marc Walder (CEO Ringier AG), Michèle Bürgi-Hadorn (Head of HR «Development & Recruiting» and Diversity Insel Gruppe).

In der Implementierung von EqualVoice wurde deshalb schnell klar, dass alle Firmen, die den EqualVoice-Faktor nutzen, an diesen Problemen arbeiten und Verbesserungen anstreben müssen. Nur dann ist das Engagement glaubwürdig.

EqualVoice United entsteht

Im Januar 2022 unterschrieben zehn namhafte Schweizer Unternehmen die Charta «EqualVoice United 2025» und wurden damit Teil des EqualVoice-Netzwerks. Es handelt sich um die Bank Cler, Ebay, die Insel Gruppe, ISS, Mastercard, Migros, Oerlikon, Schweizerische Post, Sunrise/UPC, Ringier und Ringier Axel Springer Schweiz. Einige andere bekannte weltweit aktive Unternehmen kamen später dazu.

Die Charta ist Ausdruck ihres Commitments. Sie hält die vier wichtigsten Handlungsfelder fest, denen sich die Unternehmen bis 2025 verpflichtend widmen: Chancengleichheit und Gleichberechtigung in den Organisationen verankern, eine Mentalität der Gleichstellung und Integration fördern, den Nutzen der Gleichstellung anderen Unternehmen und der Gesellschaft vermitteln sowie zeitgemässe Arbeitsbedingungen für alle Mitarbeitenden schaffen.

Auf diese Weise soll die Ungleichbehandlung der Geschlechter in der Schweizer Arbeitswelt konsequent angegangen werden. Die Festlegung und Überprüfung der Ziele erfolgt in Zusammenarbeit mit EDGE, dem globalen Zertifizierungsstandard zur Gleichstellung der Geschlechter in der Wirtschaft.

Nur ein Beispiel der Pflichten, denen sich die Unternehmen verschreiben: Sie müssen die Lohngerechtigkeit in ihren Strukturen überwachen und, wo nötig, eingreifen, um im Laufe der Zeit die Lücken zu schliessen, die sie möglicherweise in Teilen ihrer Organisation haben.

Diese datenbezogenen Aktionspläne sind auch deshalb wichtig, weil in manchen Firmen die systematische Datenerhebung unter Diversity-Gesichtspunkten immer noch in den Anfängen steckt. Ganz ähnlich wie beim Umgang mit dem Gender Visibility Gap unterstützt EqualVoice United die Unternehmen datengestützt und faktenbasiert dabei, wie sie beispielsweise mit ihrem Gender Pay Gap umgehen können.

«Die Unternehmen bekommen eine gründliche Analyse des Status quo und der identifizierten Lücken sowie einen Aktionsplan zur Schliessung dieser Lücken.»

Simona Scarpaleggia, CEO EDGE

«Es werden immer neue Ansprüche im Bereich Gender Equality entstehen.»

Lea Eberle ist Head of Strategy von EqualVoice und Strategic Project Manager Finance. Sie begleitet das Roll-out in allen Ländern und baut neben EqualVoice United weitere Zweige der EqualVoice-Initiative, wie beispielsweise verschiedene Konferenzformate, auf.

Bei EqualVoice United verpflichten sich Unternehmen, die nicht aus der Medienbranche stammen, zu mehr Gleichstellung. Warum dieser Schritt über die Medienbranche hinaus?
Das Advisory Board von EqualVoice hat uns gechallengt, und zwar mit zwei Argumenten. Einerseits ist Ringer ja nicht nur in der Medienbranche ein grosser Player, sondern auch auf dem Arbeitsmarkt ein wichtiges Unternehmen, das in diesen Themen ein Meinungsführer sein kann. Denn klar ist: Nicht nur Einzelpersonen können Rollenmodelle sein, sondern auch Unternehmen. Und andererseits gibt sehr viele Schweizer Unternehmen, die in Sachen Gleichstellung bereits viel machen. Aber wir haben über die Zeit festgestellt – das waren die Rückmeldungen sowohl von Ringier Advertising als auch von den Journalistinnen und Journalisten selbst –, dass die Unternehmen sehr zurückhaltend über ihre Diver-

sitätsprojekte oder über Initiativen, die sie haben, kommunizieren. Vielleicht sind sie noch nicht so divers, wie sie es gerne sein möchten, oder vielleicht sind sie mit diesen Projekten gerade erst gestartet und haben noch nicht die super Kennzahlen, die sie kommunizieren möchten.

Welche Rolle spielt dabei EqualVoice United?
EqualVoice United nimmt diesen Unternehmen ein wenig die Angst davor, darüber zu kommunizieren. Denn es ist ganz klar so gedacht, dass wir uns gemeinsam auf diese Reise begeben wollen – mit all unseren Schwächen und Stärken. Das heisst, keines dieser Unternehmen hat sein Equality-Ziel, Stand heute, bereits erreicht. Aber es arbeiten alle gemeinsam darauf hin, mit unterschiedlichen Ausgangspunkten und unterschiedlichen Massnahmen.

Die Unternehmen verpflichten sich zu konkreten Massnahmen. Welche sind das?
Es gibt eine Minimalvoraussetzung, die alle erfüllen müssen und die vertraglich festgelegt ist: Alle Unternehmen müssen Equal Pay einhalten, und zwar von einer externen Stelle zertifiziert. Wir kontrollieren, ob sie diese Zertifikate haben. Anschliessend setzt sich jedes Unternehmen gemeinsam mit uns an den Tisch und legt für jedes Geschäftsjahr ein Ziel, an dem es arbeiten möchte, fest. Und an dem werden sie dann auch gemessen. Das wird von EDGE, dem Beratungs- und Zertifizierungsunternehmen für Gleichstellung, kontrolliert.

Wie wird sichergestellt, dass die Ziele wirklich verfolgt werden?
Wir stehen mit den Unternehmen regelmässig im Austausch, und sie erhalten natürlich auch Hilfestellungen, wie sie

ihre Agenda vorantreiben können. So entwickeln sie sich Stück für Stück weiter. Und die Idee ist wirklich, dass es nicht jedes Jahr ein übergeordnetes Thema für alle Unternehmen gibt, sondern dass jedes Unternehmen an dem arbeiten kann, wo es am meisten Bedarf hat. Im letzten Jahr waren das über alle Partnerunternehmen hinweg verschiedene Themen, etwa Massnahmen gegen sexuelle Belästigung oder Lohn-Policys. Manche haben sich mit dem Thema inklusive Sprache auseinandergesetzt, beispielsweise in der Werbung oder in der internen Kommunikation. Und wieder andere haben sich von EDGE zertifizieren lassen. Es gab wirklich ganz unterschiedliche Ziele, die Unternehmen sich gesetzt und die sie jetzt ausgewertet und erreicht haben.

Wo steht EqualVoice United in 25 Jahren?

Das Ziel ist, dass sich möglichst viele Unternehmen der Vision anschliessen. EqualVoice United wird es aber auch in vielen Jahren noch brauchen. Denn die Ansprüche der Jungen werden sich mit jeder neuen Generation wieder ändern, das heisst, es werden im Bereich Gender Equality neue Ansprüche an die Unternehmen entstehen, auf die sie reagieren müssen.

Welche weiteren Zweige hat EqualVoice entwickelt?

Ein grosses Thema ist Diversity und Wissenschaft, weil wir ja aktuell auch verschiedene Studien zu EqualVoice am Laufen haben. Die fokussieren entweder auf EqualVoice United oder auf EqualVoice in den Medien. Diese Debatte auch auf wissenschaftlicher Ebene zu führen, ist sicher ein grosses Anliegen. Ein anderer Zweig sind die vielen Events, die aber ebenfalls einen Konnex zu diesen zwei Hauptinitiativen haben. Wir haben beispielsweise den EqualVoice Summit, der sich wirklich auf die Medien konzentriert. Im letzten Jahr sind wir ausserdem mit den sogenannten EqualVoice-Pop-ups gestartet. Das sind kleinere Events, bei denen wir uns gezielt auf gewisse Themen fokussieren. Wir hatten letztes Jahr gemeinsam mit Volkswagen einen ersten Event, bei dem wir über Frauen im Sport sprachen. Gerade im Hinblick auf die Fussball-WM der Männer in Katar war das natürlich ein grosses Thema. Und es soll auch in Zukunft weitere solche Events zu verschiedenen Themen geben.

Der erste EqualVoice Summit 2022 drehte sich um die Bekanntmachung der Initiative. Was waren die Schwerpunkte des zweiten EqualVoice Summit?

Das Thema des Jahres 2023 lautete «Power of Images», also die Bildsprache und der Einfluss von Bildern. Seit diesem Jahr können wir nämlich mit dem EqualVoice-Faktor auch Videos analysieren, und wir konnten vor dem Summit bereits die ersten Publikationen analysieren und Zahlen von Videos, die von unseren Journalistinnen und Journalisten produziert worden waren, präsentieren. Auch diese Analyse wird für andere Medienhäuser, Fernsehsender und grundsätzlich Anbieter von Video-Content verfügbar sein, um dem Gender Visibility Gap zu begegnen.

Ein liberaler Ansatz für die moderne Publizistik

EqualVoice entwickelte sich zur erfolgreichsten Diversity-Initiative der europäischen Medienbranche. Bis 2025 sollen 100 Millionen Nutzerinnen und Nutzer mit EqualVoice erreicht werden.

Raus aus der Nische

Diversität ist in den letzten Jahren zu einem unternehmerischen Kernthema avanciert, weil es die Voraussetzung für die Anschlussfähigkeit einer Firma ist – an einen Arbeitnehmermarkt, in dem die Profilierung und die Positionierung des Unternehmens ganz entscheidende Faktoren sind. An einen Rezipientinnen- und Rezipientenmarkt, der interaktiv und blitzschnell auf Produkte reagiert. An die Gesellschaft insgesamt, die in ihrer Weiterentwicklung neue Themen ins Zentrum stellt, die vorher nischig oder jedenfalls nicht im Fokus standen. Das Thema Genderdiversität kam, zumindest in der Schweiz, erst als Folge des Frauenstreiks 2019 ganz oben auf die Agenda.

Zudem sind Firmen von Banken angehalten, ihre ESG-Aktivitäten (Environmental, Social, and Governmental Activities) ernst zu nehmen und messbar zu machen. Das wirkt sich nicht nur auf Kreditkosten aus, die Unternehmen tragen müssen, sondern spielt auch eine wichtige Rolle für Aktionärinnen und Aktionäre, die Anlageentscheidungen zunehmend auch auf ESG-Faktoren stützen.

Viele Diversitätsprojekte verbleiben dennoch oftmals in Nischen von Unternehmen. Entweder in einzelnen Abteilungen, wo sie unabhängig von der Gesamtstrategie des Konzerns vorangetrieben werden, oder im Bereich des HR, wo sie als eines von vielen Themen behandelt werden. Das Interesse der Führungsebenen an diesen Themen war dann auch lange sehr überschaubar. Diese Haltung ändert sich aber gerade radikal.

EqualVoice prägt das öffentliche Bild des Unternehmens mit.

Transparenz ist ein Schritt aus der unternehmerischen Komfortzone hinaus.

Diversitätsprojekte rücken vermehrt ins Zentrum von Unternehmen und werden damit natürlich noch mehr zum Thema, positiv wie negativ. EqualVoice wurde von Kritikerinnen und Kritikern schon als «PR-Projekt», «Feigenblatt-Aktion», «Scheinheiligkeitsinitiative» oder «Pinkwashing eines Grosskonzerns» betitelt. Und dennoch hat EqualVoice enorm viel vorangetrieben, verändert und ist eine Bühne für fruchtbare publizistische Debatten. Woran liegt diese Ambiguität?

Transparenz macht angreifbar

Ein Faktor, der dafür sorgt, dass EqualVoice in den Medienunternehmen, die die Technologie einsetzen, präsent bleibt, ist seine Transparenz: Regelmässig veröffentlichen die meisten teilnehmenden Medien ihre EqualVoice-Werte. EqualVoice ist damit ein Projekt, das auch das öffentliche Bild des Unternehmens, das mit dem Faktor arbeitet, mitprägt. Automatisch ist dadurch das Interesse daran innerhalb des Unternehmens höher – Diversität wird als Thematik wahrgenommen, die ernst genommen werden sollte.

Die regelmässige Publikation von - auch sinkenden - EqualVoice-Werten macht angreifbar. Dies im Unterschied zu anderen Initiativen, die die Diversitäts- und Genderdaten ausschliesslich intern auswerten und behandeln. Diese Transparenz ist freiwillig und sozusagen ein Schritt nach aussen, aus der unternehmerischen Komfortzone hinaus.

Wenn EqualVoice-Werte sinken, ist das nicht erfreulich. Teilweise werden das ganze Projekt und die Technologie infrage gestellt. Dies regt aber eine Debatte an und trägt den Fakt, dass Frauen aus der Medienberichterstattung wieder verschwinden, an die Öffentlichkeit. Die Tatsache ist nicht mehr nur in den Newsrooms nicht zu ignorieren, sondern auch von der breiteren Öffentlichkeit (zumindest von jenen Teilen, die sich für diese Entwicklungen interessieren).

Institutionen wie das Reuters Institute der University of Oxford und andere Universitäten wie die finnische Tampere University, aber auch Medienjournalistinnen und -journalisten in ganz Europa nehmen diese Offenheit zudem auf und integrieren Daten und Erkenntnisse der Initiative in ihre Forschungsarbeiten und Praxisreports für die Branche zum Thema.

Liberal und datengestützt

Fassen wir zusammen: Was ist EqualVoice? EqualVoice ist Enabler innerhalb des Unternehmens und ausserhalb der Organisation. In einer aufgeheizten und immer härter geführten Debatte um Identitätspolitik setzt EqualVoice einen Kontrapunkt. Denn EqualVoice funktioniert anders als klassische Gender- und Diversity-Programme. Es ist datengetriebener, flexibler und anpassungsfähiger an individuelle Voraussetzungen in den Redaktionen und journalistischen Ressorts.

EqualVoice zeigt Chancen und Möglichkeiten auf, die ohne das Programm nur schwer zu ergreifen wären. Zudem funktioniert EqualVoice als Bühne für Akteurinnen und Akteure innerhalb und ausserhalb der Redaktionen, es ist ein Dynamo der Veränderung und erreicht Ziele, die anderweitig oft mit starren Quotendebatten und Sprachregeln angestrebt werden.

In diesem Sinne ist EqualVoice ein liberales Projekt. Denn primär erzeugt EqualVoice Transparenz. Es schafft für alle, die am Produkt arbeiten, und auch für das Publikum, das ein Medium konsumiert, Transparenz. Was mit diesem Spiegelbild getan und wie darauf reagiert wird, ist den Akteurinnen und Akteuren überlassen.

Die Fakten und die Datenbasis, die EqualVoice bereitstellt, sind nicht wegzudiskutieren. Ein schwelendes Problem, das per Bauchgefühl konstatiert oder wegdiskutiert werden konnte, wird anhand von Zahlen und Fakten festgemacht. Die Diskussion wird damit entemotionalisiert. Die Fakten sind, wie sie sind - und gemeinsam ist Veränderung möglich.

Auf Basis dieser Fakten wird eine offene Debatte über Geschlechtergleichstellung und Diversität ermöglicht. Getrieben sind diese Debatte und das ganze EqualVoice-Programm von einer Idee der Chancengleichheit. Die Chancen, in der Öffentlichkeit eine Stimme zu haben, den eigenen Beitrag zu leisten, sollen fair verteilt und zugänglich sein für alle. In diesem Sinne erzeugt die EqualVoice-Initiative mehr und nicht weniger Chancengleichheit.

Sie erzeugt aber eben nicht Gleichmacherei. Die Redaktionen und alle, die mit dem EqualVoice-Tool arbeiten, interpretieren und nutzen die Daten basierend auf ihrem Wissen und ihren Erfahrungen mit dem Publikum und dem Markt, in dem sie sich bewegen. Die EqualVoice-Daten sind ein Teil der redaktionellen Data Intelligence und ermöglichen die publizistische Debatte über Diversität.

Mit welchen Massnahmen und Programmen die Vision von EqualVoice weitergetrieben wird, liegt bei denjenigen, denen die Daten vorliegen. Auch hier glaubt die Initiative daran, dass in den Abteilungen und Märkten selbst das Wissen vorhanden ist, wie EqualVoice sinnvoll implementiert und interpretiert werden kann.

Ohne Quoten

Viele Diversity-Programme arbeiten mit strikten Quotenvorgaben: So und so viele Stimmen müssen weiblich, so viele Positionen mit Frauen besetzt sein. Die EqualVoice-Initiative verfolgt einen anderen Ansatz und glaubt daran, dass durch Daten- und Faktentransparenz ein besseres Ergebnis erzielt wird als durch eine Quote, die von oben oder per Gesetz durchgedrückt wird.

EqualVoice ist kein Quoteninstrument und lehnt ein solches im Journalismus auch deshalb ab, weil es die publizistische Debatte, die ein ganz klarer, erwünschter Effekt von EqualVoice ist, im Keim ersticken würde. Wenn vorgeschrieben ist, wie viele Autorinnen schreiben oder wie viele Frauen in Interviews vorkommen sollen, ist das nicht nur zutiefst unjournalistisch, sondern verhindert eben auch die Diskussion darüber, wie und warum die Zahlen so sind, wie sie sind, und wie und warum man an ihnen arbeiten soll.

Die Erfahrung der EqualVoice-Initiative ist, dass sich Diversitätsprogramme als Ermöglicher von internen und externen Entwicklungen und Prozessen verstehen müssen. Kein Diversitätsprogramm sollte bereits vor dem Start wissen, was am Ende für eine Zahl in gewissen Spreadsheets stehen muss. Das Ziel, Frauen mehr Sichtbarkeit zu geben, ist klar, aber die EqualVoice-Initiative erreicht dieses Ziel über die publizistische Debatte deutlich nachhaltiger (vgl. Interview mit Iris Bohnet, Seite 120) als über die Implementation von Quoten.

Ohne Zielvorgaben

Das Group Executive Board von Ringier macht den Redaktionen keine Vorgaben, welche EqualVoice-Werte sie zu erreichen haben. Die Chefredaktionen und Redaktionen definieren ihre Zielwerte selbst. Es gibt auch keine Sanktionen oder Konsequenzen, wenn Redaktionen ihre angestrebten EqualVoice-Werte nicht erreichen.

«Ich programmiere»: Steckt in Datensätzen, die für die Entwicklung
eines Produkts genutzt werden, ein Genderbias?

Die Initiative argumentiert hier aus einem liberalen Verständnis heraus, dass diejenigen an der Basis, also in den Redaktionen, am besten wissen, welche Zielwerte für ihr Medium realistisch sind und wie darauf reagiert werden soll, wenn Werte sinken oder steigen. EqualVoice schafft die Transparenz der Daten, aber vertraut darauf, dass diese Daten in den Redaktionen am besten interpretiert werden können.

Letzten Endes wäre es auch unmöglich, ein einheitliches Konzept über alle Marken und Länder und über alle 32 Newsrooms, in denen EqualVoice derzeit angewandt wird, zu stülpen. Zu unterschiedlich sind die Titel und Marken, zu divers die Zielgruppen und zu individuell die Umstände in den verschiedenen Ländern.

Ohne Drohkulissen

EqualVoice hat kein «Ziel», bei Nichterreichen dessen das ganze Projekt gekippt oder in die Schublade verfrachtet werden kann. Es hat auch keine Ziellinie, nach deren Erreichen ein Medium es wieder sistieren und auf die Erhebung von Genderdaten verzichten kann. Genauso wie man nicht fragt, wie lange man noch die Visits eines Artikels zählen wird, fragt man auch nicht, wie lange das Genderverhältnis in Artikeln noch gezählt wird. Der EqualVoice-Faktor ist ein Analyseinstrument, das auf Langfristigkeit angelegt ist.

EqualVoice erzielt die besten Effekte ohne Druck, aber mit der Bereitschaft und Offenheit zum Dialog und durch das Ermöglichen von Dialog. Und der Dialog über Gender und Diversität wird so oder so in Unternehmen und in der Gesellschaft geführt. Medien und Firmen, die sich davon abzuschotten und das Thema mit den vielfältigsten Argumenten zu ignorieren versuchen, empfinden die Gender- und Diversitätsdebatte vielleicht als nerviges Nebengeräusch, das sich in Shitstorms, Protestbriefen und Ähnlichem artikuliert. Diejenigen, die EqualVoice nutzen, haben die Debatte hingegen im Unternehmen und in Newsrooms integriert.

Ohne Geschmackspolizei

Die EqualVoice-Initiative arbeitet nicht mit Sprachregelungen oder Vorgaben, was auf Bildern und in Videos gezeigt oder in Interviews gefragt werden darf. Auch hier glaubt das Programm nicht an eine «One size fits all»-Lösung. Die unendliche Vielfalt der publizistischen Ansätze und Herangehensweisen würde das gar nicht zulassen.

Sehr wohl aber führt EqualVoice zu Redaktionsdebatten, beispielsweise darüber, wie in Interviews Frauen und wie Männer befragt werden, wer etwa nach der Vereinbarkeit von Familie und Beruf gefragt wird und wer nicht, bei wem das Äussere ein Thema ist und bei wem nicht.

Schlussendlich entscheiden aber der Journalist bzw. die Journalistin und die Redaktion unabhängig, welche Ansprüche sie bei diesen Themen haben und wie sie auf ein immer sensibilisierteres Publikum eingehen möchten. EqualVoice bietet auch hier einen Ansatz, um auf solche internen und externen Debatten oder sogar Shitstorms, die von aussen auf Medien zukommen, zu reagieren. Wer die Initiative mit allen publizistischen Diskussionen und Effekten zulässt, wird die Wahrscheinlichkeit eines Shitstorms deutlich reduzieren, weil die Debatte intern stattfindet und nicht von aussen über die Redaktion hereinbricht.

Ohne Publikumsprotest

Bei der Einführung von EqualVoice in den Ringier-Titeln herrschte eine gewisse Unsicherheit, wie das Lesepublikum auf das Programm reagieren, wie die Veränderungen in den Titeln aufgenommen und wie das Engagement eines Medienunternehmens im Bereich Gender und Diversität aufgefasst würde.

Eine der Sorgen war, dass Leserinnen und Leser sich von diesen Produkten abwenden und ihre Abos kündigen würden. Nach über drei Jahren EqualVoice lässt sich aber konstatieren, dass es keinen Publikumsprotest und keine Abo-Kündigungen oder Ähnliches aufgrund von EqualVoice gegeben hat.

Die Gründe dafür sind vermutlich, dass EqualVoice nicht aktivistisch agiert und keine Vorgaben und Quoten einfordert. Ein weiterer Grund ist wohl die hohe Transparenz des Unternehmens und der Medien bei dem Thema. Die regelmässige Publikation der EqualVoice-Werte nimmt dem Projekt jede Form von Geheimniskrämerei. Die offene Debatte, die geführt wird, zeigt: EqualVoice ist ein Angebot und Förderer von Diskurs über Journalismus.

Der Weg von EqualVoice bisher

Die wichtigsten Stationen seit Start der Initiative 2019

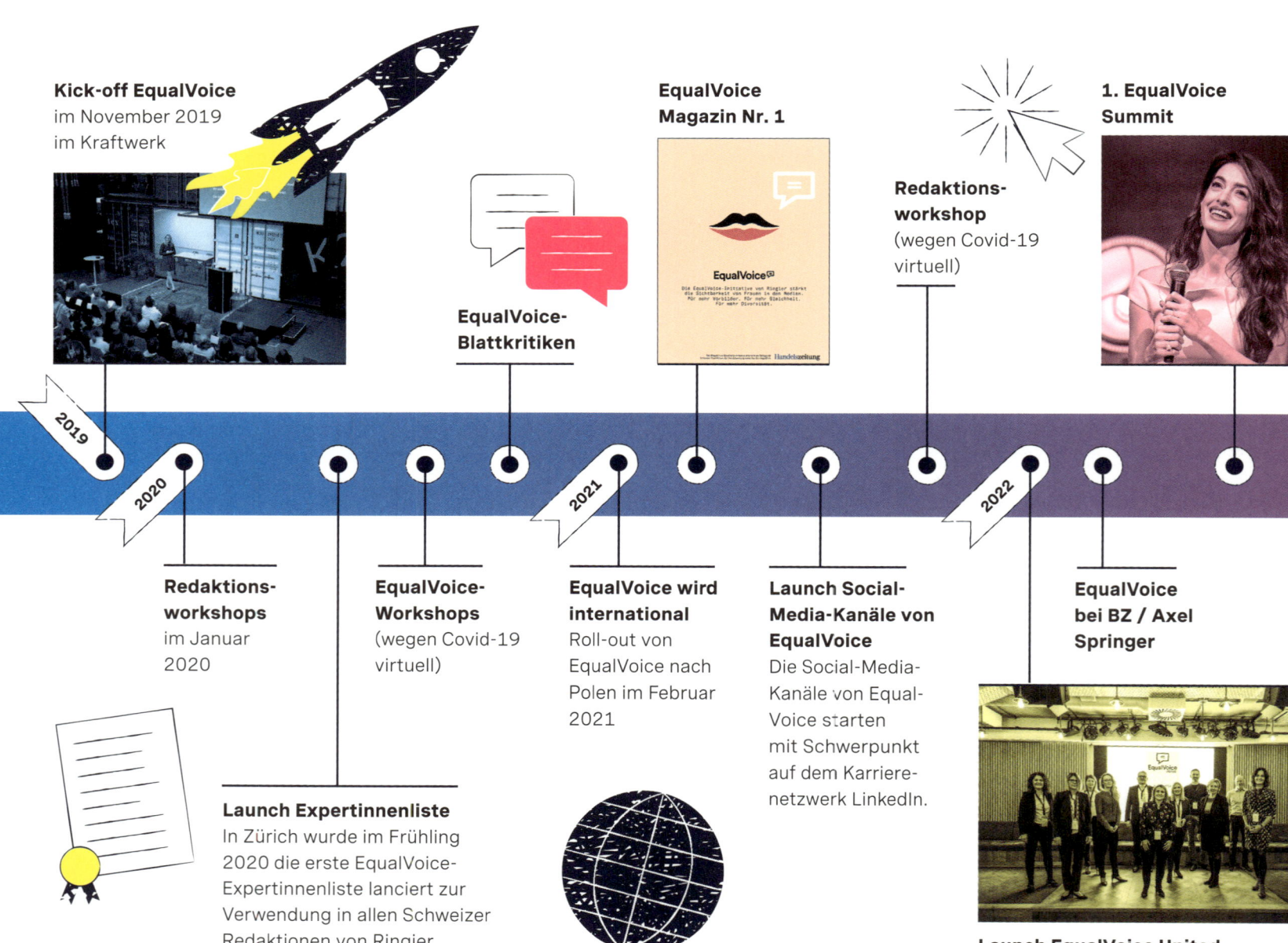

Kick-off EqualVoice
im November 2019
im Kraftwerk

EqualVoice-Blattkritiken

EqualVoice Magazin Nr. 1

Redaktions-workshop
(wegen Covid-19 virtuell)

1. EqualVoice Summit

2019

2020

2021

2022

Redaktions-workshops
im Januar 2020

EqualVoice-Workshops
(wegen Covid-19 virtuell)

EqualVoice wird international
Roll-out von EqualVoice nach Polen im Februar 2021

Launch Social-Media-Kanäle von EqualVoice
Die Social-Media-Kanäle von Equal-Voice starten mit Schwerpunkt auf dem Karriere-netzwerk LinkedIn.

EqualVoice bei BZ / Axel Springer

Launch Expertinnenliste
In Zürich wurde im Frühling 2020 die erste EqualVoice-Expertinnenliste lanciert zur Verwendung in allen Schweizer Redaktionen von Ringier.

Launch EqualVoice United

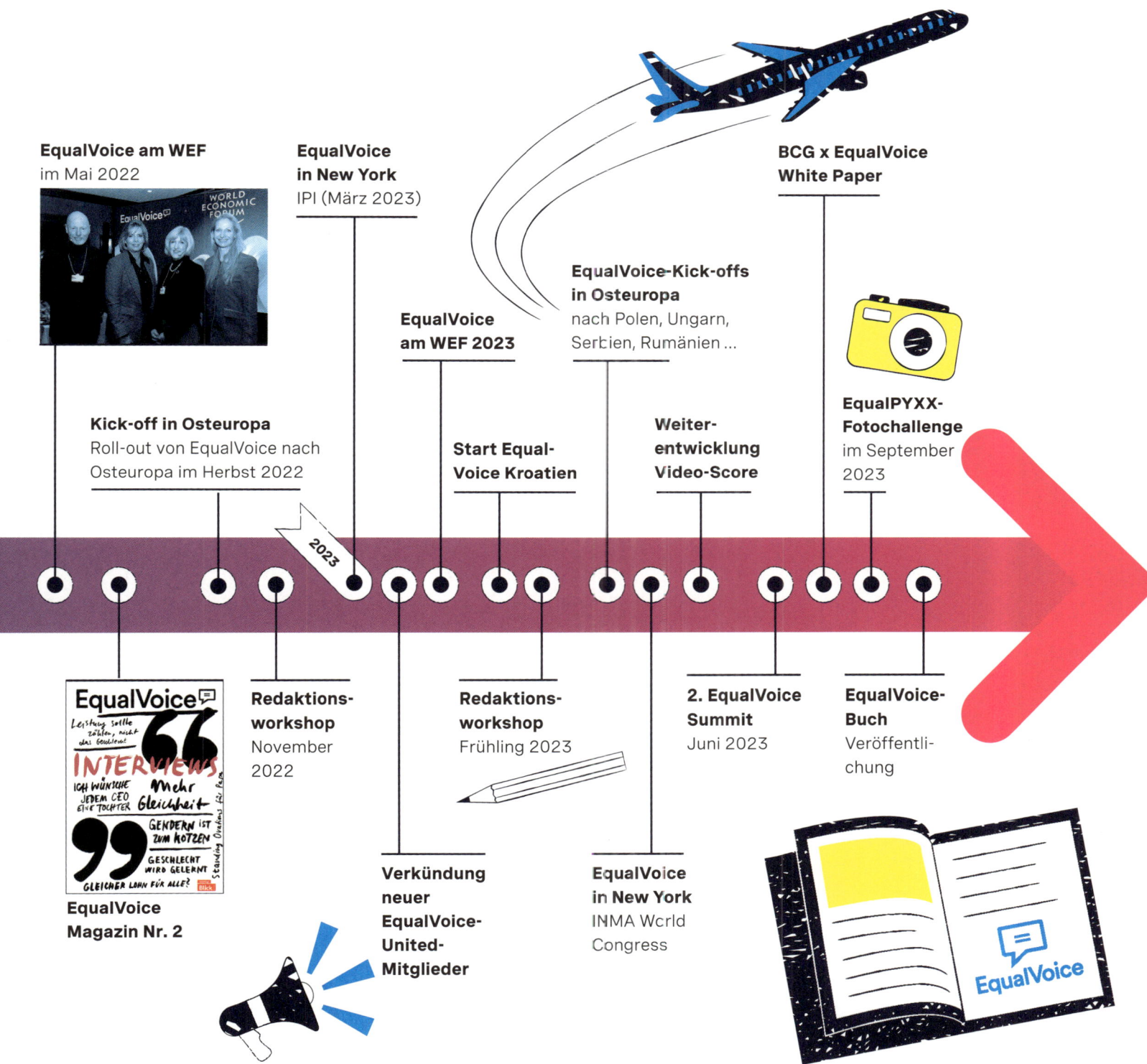

EqualVoice am WEF
im Mai 2022

**EqualVoice
in New York**
IPI (März 2023)

**BCG x EqualVoice
White Paper**

**EqualVoice-Kick-offs
in Osteuropa**
nach Polen, Ungarn,
Serbien, Rumänien ...

**EqualVoice
am WEF 2023**

Kick-off in Osteuropa
Roll-out von EqualVoice nach
Osteuropa im Herbst 2022

**Start Equal-
Voice Kroatien**

**Weiter-
entwicklung
Video-Score**

**EqualPYXX-
Fotochallenge**
im September
2023

2023

**EqualVoice
Magazin Nr. 2**

**Redaktions-
workshop**
November
2022

**Redaktions-
workshop**
Frühling 2023

**2. EqualVoice
Summit**
Juni 2023

**EqualVoice-
Buch**
Veröffentli-
chung

**Verkündung
neuer
EqualVoice-
United-
Mitglieder**

**EqualVoice
in New York**
INMA World
Congress

EqualVoice
in 50 Jahren

Die Schweizer Gesellschaft und viele Gesellschaften weltweit machen bei der Gleichstellung der Geschlechter grosse Fortschritte. Dass aber die Mehrheit der Bevölkerung so lange mit weniger Rechten ausgestattet war und so lange in Medien und in der Öffentlichkeit einen Platz in der bestenfalls zweiten Reihe zugewiesen bekommen hat, ist Fakt. Und noch immer sind die Zahlen zur medialen Repräsentation von Frauen niedrig. In vielen Ländern steht die Debatte über die Gleichstellung von Frauen und Männern erst am Anfang, in manchen wird sogar die Zeit zurückgedreht, und hart errungene Rechte werden wieder entzogen.

Es ist zu wünschen, dass die Emanzipationsbewegung von Frauen, aber auch anderen benachteiligten Gruppen in den nächsten Jahren noch stärker wird und ihre Forderungen auf eine systemische Ebene hebt. Wir sind gerade erst dabei,

Routinen und Systeme gendergerechter zu gestalten - auch in Medien und gemäss den Bedingungen der Öffentlichkeit, in der sie sich bewegen und der sie sich aussetzen müssen, um genauso hör- und sichtbar zu sein wie Männer.

EqualVoice unterstützt Chancengleichheit. Diese ist nicht auf Frauen beschränkt. EqualVoice heisst eben nicht FemaleVoice. Das Programm fördert die Sichtbarkeit von Frauen, aber nicht nur. In Medienmarken mit höherem Frauen- als Männeranteil wird die Debatte eher darum geführt, wie der Anteil von Männern erhöht werden könnte und wie Storys aus deren Perspektive für ein gemischtes Publikum erzählt werden können.

Immer diversere Gesellschaften und Identitäten erfordern von Medien und Redaktionen eine erhöhte Sensibilität und ein erhöhtes Bewusstsein für diese gesellschaftlichen Veränderungen.

Der unabhängige Journalismus steht dabei im Zentrum - er ist der Kern aller Debatten. EqualVoice ist ein ergänzendes, technologisch getriebenes Dateninstrument für Redaktionen, das Diversität als publizistische Dimension erstens wahrnehmbar und zweitens debattierbar macht. Mit EqualVoice soll Diversität als eine publizistische Dimension anerkannt und als redaktioneller KPI - neben vielen anderen - etabliert werden.

In der Folge wird es auch darum gehen, dass die Redaktionen selbst diverser werden, dass Führungspositionen vermehrt von Frauen übernommen werden, und zwar mit einer Selbstverständlichkeit, die erst wenige Jahre alt ist. Es wird nicht möglich sein, eine immer vielfältigere Gesellschaft mit einer gleichförmigen Redaktion erfolgreich abzubilden, zu begleiten, zu kritisieren und zu hinterfragen. Und in einer Branche, die auf dem Arbeitsmarkt an Attraktivität verliert, wird es nicht möglich sein, mit bestehenden Rekrutierungs- und Beförderungsmustern neue Talente nachhaltig zu halten.

Die Fakten- und Datenbasiertheit des Programms ist ein essenzieller Faktor, der auch von anderen Initiativen ins Zentrum gestellt werden kann. Die EqualVoice-Initiative glaubt daran, dass Transparenz der entscheidende Wert für Medien und die ganze Industrie sein muss. EqualVoice steht damit in der Tradition einer rationalen, liberalen, technologiegetriebenen Weiterentwicklung der Branche. Diese Branche, die durch Technologiegiganten, politischen Druck und eine Filterblasentendenz in der Gesellschaft unter Druck gekommen ist, kann mit diesen drei Prinzipien ihren Weg in die nächsten Jahrzehnte glaubwürdig beschreiten.

Anhang

Dank

EqualVoice lebt von jenen Menschen, die die Initiative in ihrem Bereich ernst nehmen und vorantreiben. Dazu gehören Journalistinnen und Journalisten, Chefredaktorinnen und Chefredaktoren, alle, die in den Redaktionen im Grossen wie im Kleinen, im Vordergrund wie im Hintergrund die Debatte über die Sichtbarkeit von Frauen und Männern führen und fördern.

Wir möchten uns für dieses Engagement, das oft zusätzlich und über die Hauptaufgabe im Berufsalltag hinaus geleistet wird, ganz herzlich bedanken. Ohne diesen Einsatz in den einzelnen Redaktionen von Warschau bis Zürich, von Belgrad bis Lausanne stünde EqualVoice nicht dort, wo es heute steht.

Wir bedanken uns bei jenen, die diese Initiative kritisch begleiten. Nur durch Kritik, durch die offene Auseinandersetzung über den besten Weg hin zu gelebter Gleichstellung in der Medienberichterstattung und im Newsroom sind Fortschritte möglich.

Dank gilt allen, die EqualVoice intern zu einer Bühne für die Debatte über Publizistik gemacht haben. Dank gilt aber auch allen, die ausserhalb von Ringier an dieser Initiative teilnehmen: die sich etwa am Fotowettbewerb EqualPYXX beteiligen, sich in Diskussionen über EqualVoice austauschen und die Debatte in ihre Medienhäuser und Unternehmen tragen.

EqualVoice stünde auch nicht dort, wo es heute steht, ohne die Begleitung und Beratung des Advisory Board und des International Media Board. Die Mitglieder von EqualVoice United haben zudem entscheidend dazu beigetragen, die Werte von EqualVoice in die Wirtschaftswelt zu tragen. Dafür sprechen wir unsere grosse Wertschätzung aus.

Besondere Anerkennung gilt auch jenen, die dieses Buch umsichtig ektoriert, begleitet, in der Struktur verfeinert und im optischen Auftritt haben glänzen lassen.

Stefan Mair und Annabella Bassler

Literatur und Leseempfehlungen

Bader, Nora, Andrea Fopp. **«FRAU MACHT MEDIEN: Warum die Schweiz mehr Journalistinnen braucht».** Zytglogge, 2020.

Bohnet, Iris. **«What works. Wie Verhaltensdesign die Gleichstellung revolutionieren kann».** Verlag C. H. Beck, 2017.

Byerly, Carolyn M., Karen Ross. **«Women and Media: A Critical Introduction».** Wiley, 2008.

Criado-Perez, Caroline. **«Unsichtbare Frauen. Wie eine von Daten beherrschte Welt die Hälfte der Bevölkerung ignoriert».** btb, 2020.

Davis, Angela Y. **«Rassismus, Sexismus und Klassenkampf».** Suhrkamp, 1986.

«Digital News Report». Reuters Institute, University of Oxford, 2022.

Doychinova, Tedi. **«Key takeaways for improving the representation of women in the news».** International Journalists' Network, 2021.

«Global Women's Issues: Women in the World Today, Extended Version, Chapter 10: Women and the Media». Bureau of International Information Programs, United States Department of State, 2017.

Gober, Great. **«Handbook on Working Toward Equality in the Media: The IAWRT and the Gender Mainstreaming Project».** International Association of Women in Radio and Television (IAWRT), 2019.

Humprecht, Edda, Frank Esser. **«A glass ceiling in the online age? Explaining the underrepresentation of women in online political news».** European Journal of Communication, 2017.

Kassova, Luby. **«The Missing Perspectives of Women in Covid-19 News: A special report on women's underrepresentation in the news media».** International Women's Media Foundation, 2020.

Linke, Christine, Elisabeth Prommer. **«From fade-out into spotlight: An audiovisual character analysis (ACIS) on the diversity of media representation and production culture».** Studies in Communication Sciences, 2021.

Luhiste, Maarja, Susan Banducci. **«Invisible Women? Comparing Candidates' News Coverage in Europe».** Politics and Gender, 2016.

Matz, Cornelia. **«Vorbilder in den Medien: Ihre Wirkungen und Folgen für Heranwachsende (Erziehungskonzeptionen und Praxis, Band 64)».** Universität Köln, 2005.

Mitchelstein, Eugenia, Victoria Andelsman, Pablo J. Boczkowski. **«Joanne Public vs. Joe Public: News Sourcing and Gender Imbalance on Argentine Digital Media».** Digital Journalism, 2019.

Niemi, Mari K., Ville Pitkänen. **«Gendered use of experts in the media: Analysis of the gender gap in Finnish news journalism».** Public Understanding of Science, 2017.

Peters, Kathrin, Andrea Seier. **«Gender & Medien-Reader».** Diaphanes, 2016.

Prommer, Elizabeth, Julia Stüwe, Juliane Wegner. **«Sichtbarkeit und Vielfalt: Fortschrittsstudie zur audiovisuellen Diversität».** Universität Rostock, 2021.

Rattan, Aneeta, Siri Chilazi, Oriane Georgeac, Iris Bohnet. **«Tackling the Underrepresentation of Women in Media».** Harvard Business Review, 2019.

Riedl, Andreas A., Tobias Rohrbach, Christina Krakovsky. **«‹I Can't Just Pull a Woman Out of a Hat›: A Mixed-Methods Study on Journalistic Drivers of Women's Representation in Political News».** Journalism & Mass Communication Quarterly, 2022.

Sarwat, Nadja. **«Medien Frauen Macht. Erfolgreiche Frauen in der Medienwelt».** Böhlau-Verlag, 2019.

Schwaiger, Lisa, Danie Vogler, Silke Fürst, Sabrina Heike Kessler, Edda Humprecht, Corinne Schweizer, Maude Rivière. **«Darstellung von Frauen in der Berichterstattung Schweizer Medien».** Forschungszentrum Öffentlichkeit und Gesellschaft (fög), Jahrbuch Qualität in den Medien. Universität Zürich, 2021.

Shreeves, Rosamund. **«Spotlight On Gender Equality In The Media And Digital Sectors».** European Parliamentary Research Service Blog, 2018.

Skeath, Ariel, Lisa Macpherson. **«Gender Equity in the News Media: Analysis and Recommendations for Newsroom Leaders».** Ford Foundation, 2019.

Weidenbach, Verena. **«Die unerzählte Geschichte. Wie Frauen die moderne Welt erschufen – und warum wir sie nicht kennen».** Rowohlt Taschenbuch, 2022.

Yuen, Nancy Wang. **«Reel Inequality: Hollywood Actors and Racism».** Rutgers University Press, 2016.

Zoch, Lynn M., Judy VanSlyke Turk. **«Women Making News: Gender as a Variable in Source Selection and Use».** Journalism & Mass Communication Quarterly, 1998.

Die Edition.

Die **Beobachter-Edition:** Für jede Lebenslage und Rechtsfrage den richtigen Ratgeber: ob Gesundheit, Vorsorge und Finanzen, Arbeit, KMU und Digitalisierung, Immobilien und Wohnen, Beziehung und Familie, Freizeit oder Fokus Schweiz.

Die **LandLiebe-Edition:** Wunderschöne Bücher rund um unsere Schweiz und ihre Menschen sowie Lust aufs Land und die Berge. Das Geniessen, Selbermachen, Wandern und liebevolle Dekorieren stehen inhaltlich im Vordergrund.

Das Team dahinter konzipiert und produziert nicht nur die beiden Buch-Editionen, sondern bringt darüber hinaus auch den GaultMillau Guide Schweiz heraus.

«Das EqualVoice Mindset» ist nur eines von einigen Büchern, welche die Edition im Auftrag eines Medienpartners realisiert hat.

Ein paar weitere Beispiele:

Gemeinsam mit Bilanz: **BILANZ**

Zu hart am Wind

Ein detaillierter Insiderbericht zum Untergang der Credit Suisse, gespickt mit vielen überraschenden Fakten.

170 Seiten, Softcover, 1. Auflage Edition 2023
ISBN 978-3-03875-508-1

Gemeinsam mit der Schweizer Illustrierten:

Schweizer Politfrauen

Ein inspirierendes Buch von Frauen – nicht nur für Frauen: Die drei Journalistinnen Nathalie Christen, Linda Bourget und Simona Cereghetti haben 21 Politikerinnen aus verschiedenen Parteien und aus allen Landesteilen der Schweiz porträtiert.

280 Seiten, Hardcover, 1. Auflage Edition 2021
ISBN 978-3-03875-384-1

Gemeinsam mit Tele:

Faszination China

Ein Blick hinter die Kulissen von Mythen, Macht und Menschen:
Pascal Nufer begegnet der Kultur und den Menschen dieses
Riesenreichs aus verschiedenen Blickwinkeln, schenkt den unter-
schiedlichsten Leuten Gehör, die in diesem verrückten Land leben.

220 Seiten, Hardcover, 1. Auflage Edition 2020
ISBN 978-3-03875-246-2

Gemeinsam mit der Handelszeitung: **HANDELSZEITUNG**

Digitaler Masterplan für KMU

Die digitale Transformation ist eine riesige Herausforderung für
Unternehmen. Das Buch macht KMU fit für die Zukunft: mit vielen
Praxistipps, -beispielen sowie Checklisten und Vorlagen.

232 Seiten, Klappenbroschur, 1. Auflage Edition 2023
ISBN 978-3-03875-458-9

Aus der LandLiebe-Edition: **LandLiebe**

Gmües

Vegetarisch geniessen, ohne stundenlang am Herd zu stehen –
die einfachen, saisonalen Rezepte von Dorrit Türck machen Lust
auf mehr Gemüse in der Küche.

240 Seiten, Hardcover, 2. Auflage Edition 2022
ISBN 978-3-906869-35-3

Alle weiteren Bücher: **beobachter.ch/buchshop**